文化吉林

九台卷

弘揚長白山文化
打響吉林特色地域文化品牌

王儒林

　　吉林有文化，而且吉林文化有底蘊、有潛力、有特色、有希望。從前郭縣王府屯距今約一百萬年的石製工具到距今十六萬年的樺甸仙人洞和距今三萬年的榆樹人，從燕趙文化東進到漢武帝設四郡，從扶餘、高句麗、渤海文明的興衰更替到遼金、清朝問鼎中原，從抗日烽火、解放硝煙到新中國老工業基地的紅色記憶，從二人轉、吉劇、長影到吉林期刊、吉林歌舞和吉林電視劇現象，勤勞智慧、淳樸善良、勇於開拓的吉林人民在白山松水間創造出絢麗多彩的地域文化，成為中國文化版圖上一道獨特風景。

　　文化與山素來結緣，正如泰山之於魯，嵩山之於豫，黃山之於皖，長白山是吉林的象徵、吉林的品牌。吉林文化始終與長白山難捨難分、血脈相連，集中體現於長白山文化之中。長白山文化發源和根植於吉林沃土，是包容吉林各民族文化、蘊含吉林發展歷史、反映吉林人性格特質、凸顯吉林氣派的「大文化」；是中華民族「多元一體」文化的重要組成部分，源遠流長、博大精深，構成了吉林文化的骨骼和脊梁。在地域文化越來越受到人們關注、文化軟實力越來越成為衡量一個地區核心競爭力的重要指標的當今時代，大力弘揚作為吉林文化標誌性符號的長白山文化，把這份寶貴的文化資源保護好、挖掘好、利用好、開發好，對於打響吉林特色地域文化品牌，鑄造極具時代內涵的吉林精神，提升吉林文化軟實力，凝聚吉林改革發展正能量，無疑具有十分重要的現實意義。

近年來，我省大力推進以優秀吉林地域文化為主要內容的長白山文化建設，出台了《長白山文化建設規劃綱要》，啟動實施了長白山文化建設工程，在長白山文化資源保護研究、挖掘整理、開發利用等方面做了大量工作，取得了顯著成績。我們要進一步加強長白山文化理論研究，豐富長白山文化內核和外延，進一步加強長白山文化遺產的發掘、保護和展示推介力度，擴大長白山文化的影響力，進一步加強對長白山文化內涵的拓展和提升，把長白山文化資源更好地轉化為文化產品、文化事業和文化產業，推動長白山文化建設躍上新台階，推動吉林文化大發展大繁榮，為實現富民強省目標、中華民族偉大復興、中國夢做出貢獻。深入挖掘、研究、整理長白山歷史文化，既是一項宏大浩繁的系統工程，又是一項功在當代、利在千秋的基礎工程。希望有更多有識、有志之士投身長白山文化建設事業，讓這份寶貴的文化資源更好地服務於當代，惠澤於未來。

由省委宣傳部組織編撰的《長白山文化書庫》系列叢書，是長白山文化建設工程的重要標誌性成果。叢書從基礎研究、地方特色、主要藝術門類三部分，對長白山文化的歷史資源進行了全面細緻的挖掘和整理，堪稱長白山文化研究與普及的鴻篇巨製，不僅對研究和宣傳長白山文化大有裨益，而且對培育吉林文化品牌、樹立吉林文化形象也將產生積極的促進作用。在叢書即將付梓之際，謹表祝賀並向全體工作人員致以問候。

主編寄語

莊　嚴

　　長白奇逈蘊靈秀，松江悠長毓文傑。千百年來，雄渾壯美的白山松水賦予了肥沃豐饒的吉林大地以生機和活力，滋養了吉林人民勤勞睿智、堅韌進取、寬容開放的精神品格，積澱了多元融合、底蘊深厚、色彩斑斕的地域文化。這獨具魅力的吉林特色地域文化猶如一株馥郁芳香的花朵，在中華民族文化百花園中爭妍綻放。

　　文化是經濟發展之根，是社會發展之源。省委、省政府高度重視文化建設，制定出台了《長白山文化建設規劃綱要》，把吉林省歷史文化資源工程列入宣傳思想文化工作「六大工程」之一。省委宣傳部深入貫徹落實省委、省政府的要求，開展《長白山文化書庫》建設，啟動實施了《文化吉林》叢書編撰工作，將其作為全省宣傳思想文化工作的重要舉措，周密部署，精心組織，強力推進，取得了預期成果，為全省人民奉獻了一份珍貴的精神食糧。

　　《文化吉林》叢書是《長白山文化書庫》中全景展現特色地域文化的重要組成部分。年初以來，我省廣大宣傳文化工作者以對家鄉、對歷史、對文化事業的高度責任感和使命感，不畏繁難，勤勉執著，嚴謹認真，精益求精，在資料收集、遺產挖掘、書稿撰寫等方面付出了大量艱辛的努力，進行了許多開創性的探索和實踐，圓滿完成了這次編撰任務。叢書編撰秉承傳播和弘揚吉林文化的理念，梳理總結吉林文化資源，提煉昇華吉林文化精髓，激發增強吉林人的文化自覺、文化自信，使優秀文化更好地服務於吉林的發展振興。

《文化吉林》內涵豐富，圖文並茂，辭美情摯，引人入勝，是人們認識吉林、瞭解吉林、研究吉林的概覽長卷，是吉林文化走向全國，面向國際的真誠心聲。叢書真實勾勒了吉林文化歲月滄桑的歷史縱深，生動展現了吉林文化多姿多彩的時代律動，帶我們走進吉林地域文化演進的舞台，親身感受風雲激盪的文化事件，出類拔萃的文化人物，領略淵深源遠的文化景觀，妙趣橫生的文化傳說，體驗琳瑯紛呈的文化產品，淳樸濃郁的文化民俗。叢書將吉林文化的發展脈絡、現狀和未來，客觀詳盡地展現給廣大讀者，是一部能夠讀得進去、傳播開來、傳承下去的佳作精品。

　　鑒往以勵志，展卷當奮發。《文化吉林》這套融史料性、知識性、可讀性於一體的叢書，為我們進一步保護、研究、開發吉林地域特色文化提供了重要史料資源。作為後繼者，當代吉林人有責任、有義務肩負起將吉林文化充分融入社會主義核心價值觀，推動吉林文化發展進步的歷史使命，讓優秀傳統文化在繼承中創新，在創新中前行，在全國文化發展大格局中唱響吉林「聲音」，打造吉林文化品牌，樹立文化吉林形象。

第四章‧文化景址

第五章 · 文化產品

第六章 · 文化風俗

第一章——

文化發展概述

　　九台，柳條邊上唯一一座以「邊台」命名的城市；九台，長吉圖之間升起的一顆璀璨新星；九台，三千三百平方公里的山河滋養著樸質勤勞的八十五萬人民。六千五百年的滄桑歲月彙集成燦爛的「邊台文明」。

　　夢想已經從這裡起航，正在飛向遠方，飛向未來……

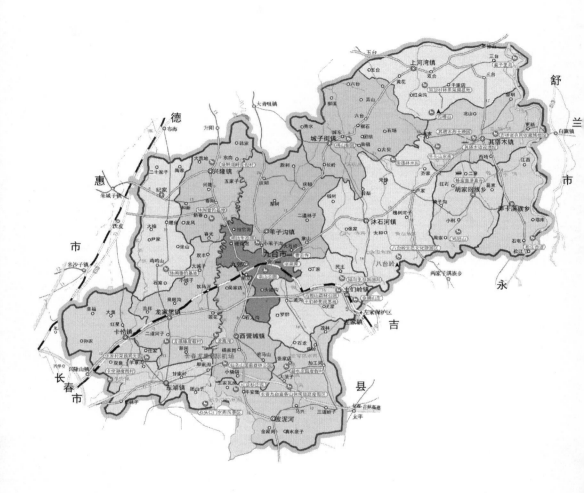

▲ 九台市行政區劃圖

九台賦

龍興之源，塞外名鄉；勢凜平川，地連吉長；山河錦繡，物產豐藏；腹地明珠，何其琳瑯。

天地洪荒之際，此域已有人煙。磨石為器，漁獵耕田；百代經營，維歆維艱；規模始成，乾道日堅。至前金鼎盛之時，曾囚徽欽北狩於此；於王道崩頹之際，嘗為苦難流離之方。滿清入關以後，不忘發祥之邦。掘大地以為深塹，插柳枝以為邊防。設門四座，立台廿八，北數第九，由是名揚。

水網縈帶，居松江之中流；峰巒連綿，處長白之餘梁。礦產豐富，烏金蘊藏於內；土質沃饒，稻米香飄四方。蝦鮮魚肥，成人間之美味；神泉天賜，釀世上之瓊漿。聖祖東巡，古渡景色依舊；乾隆飲馬，清波浩渺流長。松江古城，見證千年興衰；南山溫泉，承載浮世滄桑。石門水庫，大清龍脈之尾；八台鹿鼎，春城諸峰之巔。世外桃源，金穗山莊之幽謐；北國水城，卡倫湖光之漪漣。有寺曰青雲，有庵名浴泉；飛簷斗栱，犄角勾連；晨鐘暮鼓，香火延綿。嘆湖光山色，盡集於一境；看人文風情，皆匯於筆端。

宗蔭山水，聲名遠播四海；桂臣翰墨，溥儀親賜御筆；詩人氣度，徐憩園之嘯吟；書家風采，成竹山之雅緻。忠魂浩蕩，其塔木之英烈；俠骨柔腸，三江好之忠義。孔家店刀影，赴國難於慷慨；城子街槍聲，啟太平之盛世。細數風流，撫古今於一瞬；放眼八方，論人情於掌指。

黏豆包，溜冰車；踩高蹺，扭秧歌；貼窗花，糊窗紙。看不倦東北二人轉，聽不厭聲聲柳笛揚。更有六台剪紙，堪稱華夏一絕；浪木根雕，聲名譽滿關東。胡家回族，清真風情悠悠；莽卡滿民，薩滿古韻濃濃。載歌載舞，新麗村之好客；能詩能劍，九台人之從容。

▲ 長吉城際高速鐵路

　　吾鄉吾土，和樂融融；吾黨吾民，如友如朋。同心協力，眾志成城；建設家鄉，各盡其能。四家煤礦，有百年之蘊藏；龍嘉機場，迎八方之賓朋；華能熱電，堪稱東北第一；民營企業，遍地花開紛呈。工業崛起，農業年豐，醫改深入，教改初成，欣欣向榮，百業振興。攜千載之機遇，乘時代之東風；續大同之夢想，踏小康之征程。

　　在遼闊的東北大地上，白山與松水之間，鑲嵌著一顆璀璨的明珠——九台。

　　這是一座風光秀美之城，長白山溫柔的臂膀與松花江緊緊相依；這是一座歷史悠久之城，迄今吉林省發現最早的古村落遺址就坐落在此；這是一座深沉厚重之城，清代柳條邊將她的全部精華留在這裡；這是一座人才輩出之城，成多祿、徐鼐霖的驕傲代代延續；這是一座具有濃郁地域特色之城，滿族、漢族、朝鮮族、回族等民族演繹著絢爛多彩的風情；這是一座英雄之城，其塔木戰鬥、張麻子溝戰鬥開啟了中國歷史的新世紀；這是一座活力之城，人們朝氣蓬勃，各項事業發展日新月異；這是一座文化之城，文學、書法、繪畫、戲曲、歌舞等各門藝術競相綻放，構築起中華文明復興之夢的堅強基石……

九台市位於吉林省中部，長春、吉林兩市之間，素有「腹地明珠」的美譽。全市共有十二個建制鎮、兩個民族鄉、四個街道辦事處，總人口八十五萬，除漢族外，還包括滿族、回族、朝鮮族、蒙古族、壯族、瑤族、苗族、彝族、藏族、赫哲族、土家族、錫伯族、水族等十三個少數民族。

　　全市幅員三千三百七十五平方公里，因處長白山餘脈向松遼平原過渡的台地，地表特徵較為複雜，形成了「一水三山六分田」的自然格局。由松花江、沐石河、飲馬河、霧開河構成的「一江三河」水系貫穿南北；以大頂山、八台嶺、桃山為主的長白山餘脈橫亙東西。獨特的地理環境，豐富的自然資源養育了一代又一代九台人，使人類文明的星火從遠古洪荒一直燃燒到現在，並且形成了今日九台厚重而獨特的文化。

　　談到九台文化離不開城市名稱的由來。滿清入關以後，王朝的最高統治者耗費數萬勞力，歷時數十年修建了一道蜿蜒兩千六百多里的綠色邊牆——柳條邊。柳條邊設有邊門和邊台。九台，因地處新邊北段第九座邊台而得名。

　　隨著歲月的流逝，當年的柳條邊早已破敗、凋零。然而，作為歷史上一項重大工程，其對東北，乃至對大半個中國的影響力卻依然存在。由此形成的柳條邊文化也注定成為中華文明不可分割的一部分。九台從來都不缺乏歷史與文化的滋養。千百年來，漁獵文化、山林文化、農耕文化、礦業文化、江湖文化、薩滿文化、民族文化在這裡交相輝映，散發著迷人的光彩。如果要用一個詞來總領這些文化元素，或者說給九台所有的文化元素賦予一個共同的符號，那無疑就是「邊台」。

　　作為唯一一座取名於柳條邊的城市，九台濃縮了柳條邊文化的精華，因此，人們也稱九台文化為「邊台文化」。

▎邊台文明的第一縷曙光

　　長期以來，考古界對於邊台文明追溯的步伐止於四千多年前的唐虞時期。然而，一九九五年的一次意外發現，徹底改變了人們的認知。

　　一九九五年五月的一次考古發掘，使得西營城鎮腰嶺子村一處新石器時代古村落遺址重見天日。據著名考古學家張忠培、黃景略等人認定：腰嶺子古村落是目前吉林省發現的最早的古代村落，距今六千五百多年。腰嶺子古村成為「吉林第一村」。

　　腰嶺子古村落的發現說明，至少在六千五百年前，人類文明的曙光已經開始照耀九台大地。

▼ 腰嶺子古村落遺址所在地

悠悠千載話滄桑

距腰嶺子古村落兩千五百多年後，青銅時代居民開始在這片土地上建立起自己的家園，九台文化進入到一個相對繁榮的時期。目前，九台域內已發現的青銅時代遺址有三十多處，大多分布在松花江、飲馬河、沐石河流域的第一台地上，其中，偏臉城遺址和月明樓古墓群較具代表性，出土文物有石器、陶器和青銅器。

這一時期的生產力水平已經有了很大提高。當前學術界一般認為九台青銅時代文化族屬西團山文化。據《山海經》記載：「大荒之中，有山名曰不咸，有肅慎氏之國。」從地域和年代分析，九台當屬古肅慎國管轄。而肅慎也是「漢、肅慎、扶餘、東胡」東北四大古民族中最古老的一支。

從春秋、戰國到秦漢之際，九台逐漸進入階級社會。西漢初年，扶餘族從長白山進入到松花江流域，建立奴隸制國家──古扶餘國。漢武帝有感於朝鮮對漢朝的威脅，在西元前一〇九年遠征，滅掉衛滿朝鮮，將其屬地分設四郡，九台歸屬於「漢四郡」中的玄菟郡。

一九八〇年七月，葦子溝鎮出土了一枚東漢時期的「軍假司馬」印，這也是我省首次發現軍假司馬印。軍假司馬是大將軍屬官，為常備武裝設置。這說明至少在東漢時期，九台境內就已有漢王朝正規軍的活動。

三國以後，中原連年戰亂，波及東北各民族也隨之遷徙、征伐頻繁。九台先後歸屬前燕國、南室韋管轄。

隋唐時期，肅慎族後裔靺鞨部逐漸強盛。粟末靺鞨在大祚榮領導下，威服各部，建立震國，下設十五京、

▲ 漢軍假司馬印

十五府、六十二州、一百二十五縣，九台歸其扶餘府管轄。

　　五代十國，契丹興起，耶律阿保機建立大遼。按《契丹國志》記載，松花江以西為熟女真，松花江以東為生女真。九台是熟女真部居住地，隸屬於遼東京道黃龍府。生女真部雖屬遼國卻不稱籍，屢與契丹相攻。契丹遂在松花江西岸沿江修築城堡以防禦生女真進攻。如今，九台域內仍殘存二十四處軍事小城堡，印證著當年生女真與契丹相爭的激烈程度。

　　伴隨著遼國的衰落，生女真日漸興盛。一一一五年，完顏阿骨打自立金國，滅遼而奄有其地，九台遂歸金上京路濟州所轄。

　　遼、金是九台歷史上又一個繁盛時期。兩國都與宋朝進行過長期戰爭。戰爭在給各族人民造成巨大災難的同時，也促進了民族融合與文化交流，尤其是金中後期，經濟上基本繼承宋朝模式，陶瓷業與冶鐵業極為發達。九台域內發現的遼、金遺存達一百七十處，其中較具規模的城池有三十五處，遍及各鄉鎮。出土文物有遼白瓷、金白瓷、定窯瓷、耀州窯瓷，銅鏡、銅印、玉壺春瓶、銅牌及大量窖藏銅錢，六耳鐵鍋、鐵鏵、鐵鍬、鐵鋤、鐵刀等。大量鐵製農業生產工具的出土表明當時中原先進的農耕技術已經在九台大地上得到廣泛應用。

▲ 六耳鐵鍋，出土於沐石河鎮前腰站遺址

▲ 猛安謀克印

　　這一時期還出土了兩枚謀克印和一枚猛安印。猛安謀克是女真氏族社會末期的部落聯盟組織，猛安為部落單位，謀克為氏族單位，一猛安包括八至十個謀克，其首領都稱「勃極烈」。在阿骨打建立金政權的前一年，明確規定三百

戶為一謀克，十謀克為一猛安。女真統治者進入中原後，猛安謀克制度又推廣到「歸附降人」，主要包括漢人和契丹人。金熙宗後，猛安謀克發展成為軍事編制、生產單位和地方行政機構三位一體的封建化組織。據《金史・百官志》記載：猛安為從四品官職，謀克為從五品官職。猛安謀克印的出土說明九台域內幾處大型古城遺址很可能就是當年猛安謀克的駐地，這也表明九台是當時金國的政治、經濟、軍事、文化中心之一。

蒙古興起後，在其一統中國的過程中，鐵騎所至之處生靈塗炭。九台域內的女真城池和聚落點均未能倖免，三十五處城池被徹底摧毀，近兩百處村屯焚於一旦，剛剛興盛起來的文明遭受毀滅性打擊。從此，九台大地進入長達兩百多年田園荒蕪，人煙稀少的黑暗時期。

一三六八年，明朝建立。蒙古從中原地區潰敗，導致其對東北地區的控制減弱，女真人獲得了相對寬鬆的發展空間，九台大地的文明之火又重新燃燒起來。元朝雖滅，但以元順帝為首的殘餘勢力退居到北方建立「北元」割據政權，與大明分庭抗禮。

在東北地區的元朝殘餘勢力中，有個被史學界稱為「巨擘」的重要人物——納哈出，他是蒙古開國元勳木華黎的後代。一三七〇年，納哈出被北元政權封為太尉，招兵買馬，意圖東山再起。納哈出將兵馬編成三個營，一營即駐紮在今九台域內飲馬河一帶。一三八七年，朱元璋命大將軍馮勝偕同傅友德、藍玉兩位副將，統兵二十萬北征，納哈出兵敗投降。馮勝親偕納哈出到飲馬河流域受降，正式收服其殘卒兩萬四千多人，戰馬數千匹，戰車四萬五千餘輛。一代名將常遇春的族人也隨馮勝出師並留在九台等地。今九台域內常氏族人，多為常遇春苗裔。

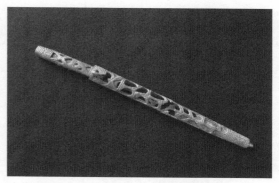

▲ 青銅短劍，出土於莽卡鄉博爾哈通古墓內

明王朝為加強對女真人的統治，先後在九台域內設了三個羈縻衛：一四〇八年，明成祖朱棣設「奇塔穆河衛」，其塔木鎮即由此而來；一四一七年，朱棣又設「亦迷河衛」，飲馬河村由此而來；一五二二年至一五六六年間，明世宗朱厚熜設「穆蘇河衛」，沐石河鎮由此而來。這三個衛都歸屬奴爾干都司管轄。

一九八三年十月二十八日，莽卡滿族鄉博爾哈通屯社員張德俊在自家房後挖菜窖，無意中發現一具遺骨和青銅短劍、銀勺、串珠、青花瓷碗等隨葬品。一座齊全的明代官員之墓重現天日。通過出土文物判斷，這是奇塔穆河衛指揮使的墓葬。而在此之前，同一地點附近曾數次發現遺骨等物。由此得出結論，奇塔穆河衛指揮使的家族墓地就在今博爾哈通屯內。

青青柳邊繞九台

滿清入關之初，在清朝統治者看來，遼河流域和吉林部分地區是其「祖宗肇跡興亡之所」，「我朝龍興重地」。為維護這一核心區域的特殊性，防止其他民族，尤其是漢人破壞「龍脈」，清朝統治者於一六三八年開始修築柳條邊，最終完工於一六九七年，歷皇太極、順治、康熙三朝。

柳條邊是一條封禁界線，由老邊和新邊構成，西起長城，東至吉林市北法特東亮子山。據史書記載，柳條邊又叫條子邊、邊牆。用土堆成寬、高各三尺的土堤，堤上每隔五尺插柳條三株，柳條粗四寸，高六尺，埋入土內二尺，外剩四尺。各柳條之間用繩聯結，稱之為「插柳結繩」，就像中原地區的竹籬笆。土堤外側，挖掘口寬八尺、底寬五尺、深八尺的邊壕。柳條邊共設邊門二十一座，凡進出邊門者必須持有當地官廳簽發的印票，從指定邊門進出，違規者一律拿獲問罪。通過這些邊門的交通孔道把東北地區連成一片，從而加強了清王朝對其根據地的控制。柳條邊另設邊台三百餘座，用來看守、瞭望及對邊牆進行維護。每個邊台設千總三至四人，下轄台丁一百五十至二百名。台丁最初由吳三桂等殘部充當，後漢人入旗籍人充之，種地免租稅，每年二月和八月維修兩次，俗稱「邊台人」，過去也有人管他們叫「邊耗子」。

新邊北段法特東十二里是頭台，法特哈門是二台，往西一直排到十台，到十台再重新排至九台，這就是所謂的「上十台，下九台」。

九台市政府所在地正處在「下九台」的位置，因此，老一代人仍稱九台為「下九台」。很多人認為九台的名字來源於古代烽火台，其實是以訛傳訛。它是柳條邊的一座邊台，其域內源於柳條邊的地名達四十餘處。至今仍流傳的《邊台歌》，說的就是整個「下九台」所在地的名稱。

「頭台亮甲山，二台把門關，三台半拉山，四台上河灣，五台興花湧，六

台新發圍，七台城子街，八台葦子溝，九台飲馬河，人造柳條邊。」

　　隨著清王朝統治地位的穩固，柳條邊的性質也由保護其「龍興之地」向壟斷資源轉變。一六四八年，清王朝設打牲烏拉總管衙門，專門負責為皇室進奉東北地區的特產。烏拉牲丁們的足跡跨過鬆花江進入到九台域內，對九台經濟、文化結構產生重要影響。胡家回族鄉蜂蜜營就是當年為皇室採集蜂蜜的；羅古村是進貢上等獵鷹的；其塔木鎮「五官莊」是進貢御米的……

　　然而，柳條邊的設置並未能阻擋人們「闖關東」的步伐。一八六〇年，由於俄國侵犯，加上關內人口暴增，關外土地亟待開發等因素，清政府不得不宣布撤除柳條邊。從此，關內漢民大量湧進東北，他們給九台帶來了新的文化元

▲ 柳條邊遺址

素。這種文化元素被學術界稱為「流民文化」或「流人文化」。先進的「流人文化」與原有的由「滿八旗文化」和「漢八旗文化」組成的「旗人文化」相互影響，共同推動九台文化進入到空前繁榮時期。這一時期，九台先後出現過狀元曹鴻勳和楊誠一、楊灝生父子進士等一批傑出人才。

　　東北弛禁後，柳條邊也逐漸成為歷史，又經日俄戰爭等天災人禍的破壞，幾乎蕩然無存。九台域內柳條邊全長二百六十二里，只有兩段陳跡殘存：一是上河灣鎮三台村後山屯，殘牆仍有一點五米左右高；二是東湖鎮飲馬河台村至二台子屯之間，殘牆高一米左右，邊壕季節水深一米許。至於柳樹，早已無跡可尋了。

煤礦商業兩興盛

一八六八年，營城鎮一帶居民在開採火石過程中無意發現了煤。一九〇八年，當地地主鐘謙和張瀛向清政府申請開礦獲得批准，成立寶豐煤礦，後轉賣給官紳朱堯佐改辦裕吉公司，這就是營城煤礦的起源。

辛亥革命後，張作霖控制東北，其手下官僚士紳紛紛來營城開礦。一九二三年，資本家張善銘開設「裕東煤礦」；一九二七年，資本家吳子培組織「裕華公司」；一九三一年，長春士紳李煥章成立「營城炭礦會社」。至此，營城煤炭資源得到大規模開發。「九一八」事變後，日本人強行占據儲量豐富的南礦，成為營城煤礦最大占有者。

▲ 裕東煤礦舊址

一九四四年，日寇自知敗局已定，在營城煤礦設立「浮浪營」，更加瘋狂地掠奪東北資源。他們從長春等地抓捕普通民眾（稱為浮浪）投入煤礦從事非人的井下勞動，死後即扔到附近的「萬人坑」。一九四四年至一九四五年，營城煤

▲ 隆吉公司舊址

礦「浮浪營」共接收三批浮浪，九百多人，光復後僅六十餘人倖存。

資本家和日寇的壓迫激起了營城人民的英勇反抗，最著名的當屬羅明星。他帶領的抗日隊伍被稱為「中國最早的鐵道游擊隊」。羅明星，字英三，報號「三江好」，曾在舊軍隊當兵，後到營城煤礦當礦工。一九三二年夏，羅明星襲擊在浴池洗澡的日本兵，奪取武器，到九台樺樹溝拉起抗日隊伍。不久隊伍發展到六千人，接連給予日寇沉重打擊。一九三三年，羅明星率隊加入楊靖宇抗日聯軍，被任命為十九支隊長，隨後取得煙筒山大捷。後來，在日偽軍大規模圍剿下，羅明星的隊伍被打散，其本人也因叛徒出賣，於一九三八年末被日寇殺害於偽滿新京。

「八‧一五」光復後，營城煤礦收歸國有。台灣著名作家李敖的父親李鼎彝曾在此任總務處長，一九四七年才離開。李敖在自己的文集中有所記述。

▲ 羅明星襲擊日寇列車

▲ 營城煤礦運煤的小火車

▲ 早期的下九台火車站

營城煤礦興起，給九台帶來巨大的影響，來自全國各地的礦工形成了九台最初的無產階級。與營城煤礦同時興起的還有九台鐵路。九台鐵路是吉長鐵路的一部分，一九〇九年十二月二日在長春舉行開工典禮，一九一二年十月二十日全線通車，總長一百二十七點七公里，是連接吉林、長春兩大城市的幹線。

▲ 九台商業起源較早，建制前就是遠近聞名的大集市，圖為工人們在裝火車。

▲ 九台是當時著名的糧食集散地

▲ 富源街昔日繁華的景象

由於地處水陸交通要沖，九台商業在清朝中晚期就已初具規模，出現一批遠近聞名的大集市，如其塔木、上河灣、飲馬河挖銅溝等，都超過百年歷史。

九台鎮原是永吉、德惠兩縣之間的大集鎮。舒蘭、五常、榆樹及江北各處農民都把糧食、土特產運到這裡銷售。吉長鐵路通車後，各地行商坐賈紛紛雲集於此，以富源街為中心的九台商貿日漸繁榮。一九三二年，在士紳董子芹、楊蔭溥等建議下，從永吉、德惠、長春各劃出一部分設立九台縣，從此九台作為縣城正式建制。

營城煤礦的興起和吉長鐵路的貫通，促進了九台商業的繁榮。這一時期湧現出眾多聞名全國的大商賈。葦子溝鎮八面城的李景全幾乎壟斷重要染料——靛藍的全國市場。土們嶺鎮的金明川曾擁有北京協和醫院和北京針織廠。金明川之子金鼎勳是早期同盟會會員，受孫中山直接委派回東北從事革命活動。「九一八」後，赴上海經商，開辦上海輪船公司，擁有七千噸巨輪兩艘，中小輪船近百艘。東湖鎮的何梀樓，開創「慈濟堂」「追遠堂」救濟窮人無數，其八十壽辰之日，郭宗熙、徐鼐霖、齊耀珊、魁升、成多祿、張作相等吉林名士均來祝賀，發起著書《阿雨人先生八秩壽言》以彰其功德。此

外，還有下九台的董、楊、郝、李各家均富甲一方。

　　隨著礦業、商業的興起，九台教育、醫療、科技、文化等領域均取得較大發展，為新中國成立後各項事業的繁榮奠定了堅實的基礎。

百花齊放春滿園

　　新中國成立後，尤其是改革開放以後，九台文化取得長足發展，呈現出百花齊放的繁榮景象。從享譽全省的「九台詩社」，到碩果纍纍的書法家協會；從人才輩出的九台劇團，到如火如荼的社區文化活動……邊台文化正以其獨特的魅力演繹著這一方水土、一方人的精彩。

　　一九五二年，在省文聯文藝創作會上，九台二十一區拉拉屯村孫文山創作組被評為典型創作組；縣文化館先後辦過《烽火文藝》《九台文藝》《新芽》等刊物；一九八七年，全縣業餘文藝創作隊伍發展到三百六十人。

　　一九七九年，由何紅楓等人發起的「九台縣業餘創作中心組」是「文革」後九台成立的第一個群眾文學社團，印刷油印刊物《小花》。長春詩人陳寶源和徐敬亞都曾給刊物投稿。當時的組員張蒂遠、張蘭閣等如今都已成為省內著名作家、戲劇評論家。

▲ 九台市書法家協會為「善滿家園」送春聯

▲ 九台詩社杏花詩會合影

　　九台市作家協會成立於二〇〇四年，現有本土會員一百二十八人，其中國家級會員一人，省級會員十餘人。十年耕耘，作家協會取得豐碩成果。國家級會員、九台市作協主席陳希國出版的《九台地名及其傳說》獲批長春市非物質文化遺產；著名網絡作家丁志闊出版九部長篇小說，多次獲網絡文學大獎；孟曉冬、劉琦合作的報告文學《善滿家園》獲吉林省第十一屆長白山文藝獎。

　　九台有著濃厚的詩詞文化傳統。清末民初之際就出現了成多祿、徐鼐霖等聞名全國的大詩人，尤其是成多祿一度被推為中國北方吟壇盟主。而稍後的王沂暖又將這一傳統延續下來，並在中華詩詞界享有盛譽。一九八六年十月十一日，在薛富有、曲吉生等領導下建立的長白山詩社九台分社（後更名為九台詩社），是我省成立較早的縣級獨立詩社，比吉林省詩詞學會和中華詩詞學會還早了近一年。九台詩社成立以來，薛富有、韓國榮、劉瑞琛等一直給予關心、支持，親自創作並參與詩社的活動。以聶德祥、蘇黎、焦世國、何紅楓、馮九川等為代表的中堅力量、核心作者，堅守詩心，堅持創作，團結詩友，傳薪播火，創造了九台詩社二十八年的輝煌歷程。九台詩社「杏花詩會」「重陽詩會」等傳統活動在省內擁有較高知名度。社刊《九台詩詞》已出版八集，成為九台文化一道亮麗的風景線。

九台書法同樣有著深厚的歷史積澱。成多祿、閻魁、郝幼權，以及成多祿的兒子成世英、成世傑等都是名重一時的書法大家，將九台書法的傳統從清末一直弘揚至今。九台市書法家協會成立於一九八七年五月，薛富有、許永安、馮九川先後擔任書協主席。自一九九七年起，九台市書法家協會攜手九台市文化館連續十九次深入鄉村，為百姓書寫春聯；舉辦香港回歸、澳門回歸書法展，慶祝國慶六十週年書畫、剪紙、攝影大型展賽等展覽十多次；開展送文化進社區、進鄉村、進企業、進學校、進機關活動多次。形成了以王明珊、李智龍、許漢民、李憲東、陳海峰、張士明、林景龍、尚洪秋等為骨幹的創作隊伍。九台市硬筆書法家協會成立於二〇〇〇年十一月，由劉洪光擔任主席，劉洪光、董宏達、劉力、孟凡溶等會員在省內外擁有一定知名度。會員們在積極創作，參與省、市交流外，還致力於硬筆書法的推廣與普及，並在九台工農小學、九台三十一中學、師範高中等學校形成特色。

九台繪畫在新中國成立前就輝煌一時，其代表人物史桂臣曾在一九三五年受到溥儀接見，被賜予「御筆」封號；常宗蔭也在畫展中奪魁，其國畫《山水圖》《牧牛圖》成為鄭孝胥等眾多藏家熱捧的對象。新中國成立後，九台業餘美術活動較為活躍，各鄉鎮都有一些美術愛好者，特別是其塔木鎮農民繪畫更是全國聞名，曾出版多本連環畫，及畫集《揮筆畫江山》。二十世紀七〇年代

▲ 畫家谷鋼指導九台美術愛好者創作

至八〇年代九台美術在省內外享有盛名。著名油畫家袁運生、胡梯林、靳之林，著名國畫家甘雨辰、劉根生，著名水粉畫家英若識，素描家王傑等紛紛前來參觀指導。

九台市美術家協會成立於一九八四年，在袁惠民、臧紹良、高志國等幾代人努力下，

▲ 九台早期戲劇演出劇照

取得豐碩成果，許多會員在各級展賽中獲獎，袁惠民、國鳳義、胡士明出版個人畫集。一九九六年，著名旅美畫家牛連和落戶九台，在八台嶺建設「畫家村」，吸引了一批國內知名畫家、書法家。一個集書法、繪畫、工藝美術於一身的高端美術創作基地初露端倪。

九台戲劇事業可追溯到一九二一年，紳商張寶山建立九台第一座戲園子——「德興茶園」。一九三三年，崔百年又建立一座大戲園「太和樓」，演出以京劇和評劇為主，著名二人轉老藝人李青山、著名評劇演員金開芳都曾在此演出。新中國成立後，九台先後建了劇場、電影院，加上原有一些個體茶社、小劇場，活動場所多了，戲劇演出也逐漸活躍起來。一九五〇年，縣文化館組建業餘劇團，演員近三十人，配合黨的中心工作進行宣傳演出。一九五二年，二十二區農民劇團排練的《李金堂農業生產合作社》榮獲省第二屆文藝匯演二等獎。到一九八七年，全縣各鄉鎮共建立業餘劇團一百二十九個。上河灣鎮李秋生帶領全家組建雜技團，以魔術、硬氣功為主要表演項目，在省內各地巡迴演出，受到群眾歡迎與好評，《吉林日報》對該團做過專題新聞報導。

一九五八年，九台縣文工團組建，後改為評劇團。評劇名家劉志傑、著名老藝人崔淑珍指導

▲ 業餘文藝團體在田間地頭演出

學生訓練、學習，培養出一大批優秀演員。崔淑珍藝名「大鳳子」，六歲時拜「一盞燈」為師，幼年曾在北京「喜春和」坐科，學京梆，專攻「夜叉刀馬旦」，十八歲後攻刀馬花旦，新中國成立後紮根九台評劇團。評劇團上演劇目有：《焦裕祿》《雷鋒》《劉文學》《小二黑結婚》《智取威虎山》《紅燈記》《白蛇傳》《狸貓換太子》等。其中話劇《于德春》《金融衛士》在二十世紀九〇年代末舞台劇不景氣的情況下演遍全省，好評如潮。

專業劇團成立後，演職人員隊伍日益壯大，多為專業院校畢業。關雲閣、王美雲、孫柏青、李沫等名角為觀眾稱道。李沫被選送海政歌舞團。一九七二年，「九台縣戲劇創作組」成立，後更名為「九台市戲劇創作室」，由郭玉琢、關玉田、張蘭閣、趙振范、李成珊等組成。戲劇創作室推出大量優秀劇目，僅在省、市演出獲獎的就有數十部，如《買官記》《赤子心》《理髮姑娘》《老富餘賣驢》等。在戲曲音樂創作方面，姜芳春創作了大量經典唱段，《李慧娘》《王二姐思夫》等在省、市獲獎。姜芳春工作之餘還創作近百首歌曲作品，多以歌頌家鄉，歌唱九台為主，其中與呂翔合作的《毛選五卷金光閃》、與喬邁

▲ 「長白之韻」合唱團「慶佳節 迎國慶」演出

▲ 九台市攝影家協會採風

▲ 新洲社區朝鮮族舞蹈隊表演朝鮮族舞蹈

合作的《打場歌》等風靡一時。姜芳春出版有歌曲專輯——《鄉音唱給母親聽》。二十世紀七〇年代,宋斌庭創作的歌曲《拖拉機手之歌》在《戰地新歌》第二集發表,唱響全國。

九台市音樂家協會「長白之韻」合唱團成立於二〇〇六年三月二十九日,是九台市群眾音樂文化史上第一支混聲合唱團。在協會主席音樂家劉化鳳帶領下,該團多次參加國家、省、市專業合唱比賽,獲得好成績:二〇〇七年,獲「吉林松花江之旅」合唱比賽三等獎;二〇〇九年獲吉林省第三屆「金鐘獎」合唱比賽三等獎;二〇一〇年,獲第三屆「長白之聲」合唱比賽「最佳演唱獎」;二〇一二、二〇一三年,連獲第五屆、第六屆「長白之聲」合唱比賽銀獎。

九台市攝影家協會成立於一九八七年十月二十八日,由九台域內攝影愛好者組成,首屆主席是王如恆,艾立冬繼任,現有會員一百二十人,其中長春市級會員六十人,吉林省級會員五十五人,是我省一支影響力較大的攝影團隊。

▲ 豐富多彩的社區文化活動——滿族秧歌表演

馮耀實、艾立冬、陳希國、祖占勇、王紹禹等人作品多次在國家、省、市級攝影大賽中獲獎並被眾多媒體採用。攝影家協會還協助九台市委、市政府出版大型史料圖冊《印象九台》。

改革開放以來，隨著生活水平日益提高，九台的群眾文化事業也得到長足發展。在城市，各社區紛紛成立文藝演出團體、體育團體。目前，全市共有群眾文藝團體近百個，比較有代表性的如：老年書畫研究會、老年體協、營城詩書畫協會、京劇票友協會、老年太極拳隊、民樂社區滿族秧歌隊、新洲社區朝鮮族老年舞蹈隊、福星社區腰鼓隊、沿河社區合唱隊、新豐社區廣場舞隊等。其中，長安廣場舞蹈隊在省內具有一定知名度，每天都有數百人參加活動。每到茶餘飯後，各社區活動室和市內各大公園、廣場都呈現出一片歡樂的景象，南山公園徒步、踢毽、打太極，新洲公園廣場舞、交際舞，溪橋遊園打羽毛球、健身舞，東廣場吹拉彈唱……

在鄉下，歡樂莊稼院如雨後春筍般建立，目前已建成文化大院、歡樂莊稼院一百多個。波泥河鎮清水村、城子街鎮柴福村、葦子溝鎮西地村、胡家鄉紅石村等已形成文化特色。城子街鎮雙川村，由王坤生、王彪等發起成立九台市

▲ 廣場上的太極扇表演

雙川文化發展協會，出版農村雜誌《雙川文化》，刊載本村文學、詩歌、書畫作品。一九八五年，農民王鳳立、李俊富等成立興隆鎮沃土文學社，現擁有會員一百零二人，其中六人出版專集或合集，十二人加入了省、市級作家協會，上百篇作品被收入各類文集、文選，省及長春市電視台予以專題報導。

在文化大院的推動下，一批特色文化鄉鎮脫穎而出。其塔木鎮被文化部命名為「民間藝術之鄉」，以農民畫和薩滿文化著稱；營城鎮被省文化廳命名為「燈謎之鄉」；胡家鄉被省文聯命名為「滿族鷹獵之鄉」，此外，還有「書法之鄉」城子街鎮、「詩書畫之鄉」龍嘉鎮、「二人轉之鄉」上河灣鎮、「文學之鄉」興隆鎮、「剪紙之鄉」六台、「民間故事之鄉」莽卡等。

「一枝獨放不是春，百花齊放春滿園。」新時期的九台文化帶著遠古的氣息，從飽經滄桑的泥土中挺拔而出，沐浴著時代的清風、雨露，散發著春天般的活力，綻放著春天般的色彩，在共築民族夢想的偉大征途上，書寫著春天般絢麗的篇章。

▲ 豐富多彩的社區文化活動──歌舞表演

▲ 豐富多彩的社區文化活動——書法傳承

▲ 豐富多彩的社區文化活動——全民閱讀

▲ 龍嘉國際機場

第二章 ———

文化事件

每個時代似乎都在努力尋求某種途徑，向後世傳遞她的氣息，哪怕是那些已經淹沒於時間長河中的文明。而這種途徑無疑就是文化，因為人類社會的一切活動最終都會積澱成文化的元素。比如，唐詩、宋詞、元曲、明清小說和韻聯。通過對這些文化元素的追索，人們就不難領略到一個時代的真正面貌。如今，我們就選取幾段邊台歷史上較具代表性的文化事件，以展示邊台文化的精彩。

發現「吉林第一村」

偉大的中華民族在人類歷史長河中創造了光輝燦爛的古代文化，地處東北邊陲的九台古代居民，用他們的勤勞與智慧為悠久的中華民族文化書寫了璀璨的篇章。一九九五年五月，為配合長吉高速公路建設，在九台市境內進行大面積考古發掘，出土的大量文物標本證明，早在六千五百年前的新石器時代，我們的祖先就在九台大地上繁衍生息。

一九九五年五月，長吉高速公路破土動工的同時，吉林省文物考古研究所、長春市文物管理委員會辦公室、九台市文物管理所聯合組成長吉高速公路考古發掘工作隊，對原九台市西營城鎮腰嶺子新石器時代遺址進行大面積發掘。發掘工作歷時三個月，取得豐碩成果。此次發掘是有史以來在我省境內同一時間、同一區域內進行的最大規模的考古發掘之一，發現了國內目前唯一的一座新石器時代地穴式大房址。

我省目前最早的古代村落

腰嶺子遺址位於九台市西營城鎮西部，石頭口門村北的一座低矮丘陵上。其東、南面為連綿起伏的哈達嶺，西、北是一望無際的松遼平原，飲馬河在遺址西部由南向北緩緩流過。近年來，對東北全新世古地質、古氣候、古環境的研究表明，七千年以來，東北地區的地質形態、降水量、氣溫均改變不大。由此推知，居住在腰嶺子遺址的古代居民生活環境與現代較為接近。

由於腰嶺子遺址的古代居民生活在距今六千五百年前的新石器時代，當時的生產力水平較為低下，因而利用大自然賜予的條件獲取維持生活必需品也就成為其生存的首要條件。就腰嶺子遺址新石器時代居民而言，當時是以漁獵與採集獲取生活資料為主，也就是說，漁獵經濟是其主要經濟形態。連綿不斷的哈達嶺是其最好的狩獵與採集場所。滔滔飲馬河不僅為腰嶺子古代居民提供了豐富的水源，也是其獲取魚類產品的天然處所。

由於生產工具的不斷改進和多樣化，人們與大自然做鬥爭的力量逐漸增強，生產領域逐漸擴大。婦女們在長期採集植物果實的實踐中，逐漸熟悉了某些植物的生長規律，並終於把可供食用的野生植物變成人工栽培的農作物。從腰嶺子遺址中出土的大量生產工具來看，當時已出現原始農業。另外，數量眾多的石鏃告訴我們，當時的人們已經普遍使用弓箭。由於弓箭在狩獵中的應用，獵取的野獸逐漸多起來。人們慢慢懂得把吃不完的野獸圈起來飼養。這樣又形成了原始畜牧業。在腰嶺子遺址發現的牛、羊、豬、鹿、狍等動物殘骸充分說明了這一點。

腰嶺子新石器時代村落遺址面積約五萬平方米，此次發掘共揭露一千五百平方米，發現房址三座，灰坑一座；出土陶、石、骨器標本一萬餘件。是目前吉林省見到的最早古代村落，同時也是中國目前發現的較早的新石器時代遺存之一。

▲ 腰嶺子古村落遺址出土的石器

在三座房址中，以二號房址的修築形式最為獨特，其結構特徵為國內首次發現。這座大房子為圓角長方形，南北長十二點四米，東西寬十點八米，面積接近一百四十平方米。據中國著名考古學家張忠培、黃景略等認定，這是東北地區見諸考古文獻中最大一座新石器時代房址。目前，中國北方地區面積在一百平方米左右的大房址在新石器時代遺存中屢有發現，如陝西臨潼姜寨、西安半坡、瀋陽新樂等。其中半坡、姜寨兩處經全面揭露，已基本勾勒出當時古代村落布局。從這兩處遺址的整體布局中可以清楚地看出，這種大房址在整個村落中處於較中心的位置，在其周圍有數量不等的小房址有序排列，這樣就形成一個村落。目前，學術界一般認為半坡、姜寨的古代居民處於血緣為紐帶的民族、部落階段，即氏族公社階段。公社所有成員都是親屬，他們住在一起，土地、牲畜、工具都屬于氏族集體所有。他們共同勞動，共同消費，過著平等的生活。氏族有自己的首領，管理公共事務，有了重大事情，召集大家共同商量決定。

根據考古學資料可以初步推定，腰嶺子古代居民正處於原始氏族公社階段。二號大房址則是這個部落的主要公共活動場所，其功能是多方面的。它既可能是該部落首領召集大家商量事情的場地，又可能是進行宗教活動的聖地，同時也可能是這個部落多人合作生產的場所。

具有濃厚地方特色的修築形式

腰嶺子大房址修築形式較為獨特，不僅規格明顯高於該遺址的其他小房址，也迥異於北方地區的半地穴式大房子。它是一種地穴式建築，房址深度在一點五米左右，並且沒有門道，也沒有埋放牲腳所留下的補洞痕跡。然而，跨度如此大的地穴式房址是如何修建其建築骨架，又怎樣出入呢？目前有兩種意見：一種意見認為這種房址是以長木交叉疊壓，然後以繩捆綁，構成房子的基本框架。牆壁以草為筋，外塗濕泥，形成所謂的「木骨泥牆」。門則開在背風一面的牆壁，做木梯以供出入；還有一種意見認為其居住形態如《後漢書‧東夷傳》所記的「穴居搭梯，由房頂出入」。

大房子的地面普遍經火烘烤，形成厚零點二釐米的光滑平整居住面。作為烹食、取暖的灶址位於房子中部，兩個圓形灶連接在一起。北部主灶較深，直徑在一點二米以上，周圍以塊石疊砌，塊石上布滿斑駁的火烤痕跡；南部灶址較淺，在零點三米左右，灶底部由於長期烘烤形成了一層厚厚的紅燒土面。在灶址的北部是一個直徑五十釐米左右，深一點六米的蓄水井，這是目前國內發現的年代最早的蓄水設備。

在房址南部東、西兩側各有一個圓形儲藏坑（窖穴），修整得十分規範。其中在二號坑中出土了相當多的白灰色土，這種土質地細膩，推測應是當時的建築材料或是用來燒製陶質器皿的原料。可見，與見諸報端的與之年代相當或略早的其他房址相比，腰嶺子新石器時代房址具有鮮明的地方特色。

豐富的文物標本

房址內出土石器五千二百餘件，在一座房址出土如此數量的石器，在中國尚屬首次。石器多是一種形體較小的石器，即所謂「細石器」，種類包括石

核、石片、石葉、石鏃、雕刻器等。此外還有石球、石刀、石斧、球狀石器等。大房址內出土的石器不僅數量多，石料種類豐富，而且石器加工技術亦較為熟練，反映出較高的工藝水平。尤為難得的是從這些石器身上，可以客觀地反映出由石材選擇到成品製成較完整的工藝過程，對古代石器加工工藝研究具有極高的學術價值。

　　腰嶺子新石器時代遺址的陶器主要集中於三座房址中，尤以大房址居多。器物的種類較為簡單，有筒形罐、斜口器、陶缽、陶支座。其中，陶支座是國內目前唯一的一件完整器。它獨特的造型及用途引起了考古工作者的濃厚興趣。筒形罐的數量約占陶器百分之九十五以上，形制較為簡單，但其器表的裝飾、紋飾卻呈現出複雜性和多樣性的特點。紋飾包括「之」字紋、席紋、菱形紋、棗核紋、刻畫斜線紋及由上述紋飾組成的各種複合紋飾。腰嶺子新石器時代出土的陶器、石器明顯區別於我們目前已知的諸考古學文化遺存，代表著一種新的文化類型，具有重要學術價值。

▲ 腰嶺子古村落遺址出土的陶器

　　此次考古發掘不僅將九台市古人類的歷史提早到六千五百年前，同時也向人們展示了九台古代居民在極為惡劣的自然環境下，為求生存與發展，不斷拚搏奮鬥的壯麗畫面；為研究我省中、西部新石器時代、青銅時代、遼金時期的文化及當時人們的生產、生活和址會形態提供了大量而翔實的實物資料；對東

北地區「古城」「古國」「古文化」探索乃至東北地區考古學文化區系類研究具有極為重要的意義。

　　六千五百年前，我們的祖先在九台大地上經歷了多少艱難險阻，度過了漫長的原始社會階段，用他們的智慧和血汗創造了閃爍著智慧之光的文化遺產，作為九台人，我們有理由為此感到驕傲。

兩座古墓引出一段埋藏的歷史

　　九台市莽卡滿族鄉錦州屯是一個依山傍水的小村莊。那裡前有松花江環繞，左有哈達山拱衛，風光秀麗，景色宜人。馬達山、尖山子、法士山，層巒疊嶂橫亙村北，給小村增加了幾分雄渾的氣勢。

　　這裡的居民絕大多數是滿族，世代以農為業，兼營捕魚。在小村後約一公里的田地中，坐落著兩處具有三百多年歷史的古墓葬。那是錦州屯滿族納拉氏趙姓祖先的墳墓。大墓的主人名烏隆阿，側葬的是他的長子舒郎阿。

　　經歷無數烽煙洗禮，兩處古墓雖然得以保存，但其埋葬的歷史卻已鮮為人知了。而通過對這兩座古墓，及納拉氏趙姓滿族人來歷的探究，竟然意外地解開了烏拉國最終消亡之謎。

　　烏隆阿的祖父叫布占泰，是明末扈倫四部之一烏拉國的末代貝勒。布占泰是海西女真人納齊布祿的後裔，遠祖為金朝皇族完顏氏。一四〇七年（明成祖永樂四年），納齊布祿在烏拉洪尼勒城建立地方政權──扈倫國。存在了近一個世紀後，扈倫國政權土崩瓦解，並逐漸演變成葉赫、輝發、哈達、烏拉四個軍事政治集團，史稱扈倫四部。其中，烏拉部是由扈倫國的創始人納齊布祿第七代孫納拉氏布顏在一五六一年（明嘉靖四十年）建立的。他「收服烏拉諸部，率眾於烏拉河岸洪尼地，築城建國，自稱烏拉國王」（見《清太祖武皇帝實錄》）。此前，其他三部也都建國稱王。這一時期，長白山下的建州女真崛起，努爾哈赤統一建州女真各部，同海西女真的扈倫四部形成對峙局面。

　　布占泰是布顏的孫子，繼承哥哥滿泰的王位，成為第四任烏拉國貝勒。布占泰當政十八年，先後娶了努爾哈赤兩個侄女和一個女兒為妃，卻始終沒有緩和同建州女真的矛盾。一六一三年（明萬曆四十一年），努爾哈赤攻破烏拉城，滅掉烏拉國，布占泰逃往葉赫國避難。

　　布占泰生有八子，第八子名洪匡，其母為努爾哈赤的侄女。由於血緣關係，

洪匡被允許接替其父主管烏拉城，號稱「烏拉布特哈貝勒」。洪匡年幼，不懂得「布特哈貝勒」的真正含義。等他長大才明白「烏拉布特哈貝勒」乃是「漁獵部落之王」的意思。可是，他既無領土，又無兵權，僅能在烏拉城附近一小塊地方，打漁狩獵，發號施令，而烏拉國人已被編為「牛錄」，由努爾哈赤派人專管。儘管如此，努爾哈赤對他仍不放心，又把一個孫女嫁給他為福晉，表面上是親上加親，實質是監視洪匡。此外，努爾哈赤還陪嫁男、女僕人各十名，在烏拉王宮充當間諜。洪匡的一舉一動，努爾哈赤瞭如指掌。

洪匡有一心腹叫吳乞發，原是馬僮出身，因武藝高強，被洪匡破格提拔。吳乞發知恩圖報，暗中幫助洪匡招賢納士，訓練軍隊，為恢復烏拉國做準備。

在洪匡準備起事時，突然，有兄弟二人來投。哥哥沙摩吉，弟弟沙摩耳，是從西域來的。兄弟二人帶來兩匹寶馬，渾身青色，無一根雜色，號稱「大鐵青」和「二鐵青」。二人把馬獻給洪匡，洪匡自然歡喜。可是，由於對沙家兄弟不知底細，加上二人相貌醜陋，因此，洪匡雖收下寶馬，卻沒有對二人委以重任。沙家兄弟在烏拉城待了幾個月，無所事事，心中怨懟，不免散布一些不滿之言，說不如當初投靠努爾哈赤。

閒言傳到洪匡耳中，急找吳乞發商量辦法。吳乞發建議，能用則用，不能用則殺之，以絕後患。洪匡卻認為二人雖不可靠，但為獻馬而來，殺之不義。他不聽吳乞發勸告，修書一封，介紹二人去瀋陽投奔努爾哈赤。二人也樂意離開烏拉，美中不足的是兩匹寶馬被洪匡留下，投奔努爾哈赤沒有見面禮，也怕不被重用。

二人到瀋陽拜見努爾哈赤，呈上洪匡的薦書，並說明兩匹寶馬已被洪匡留下，所以空手而來。努爾哈赤非但沒有責怪，反而對二人委以佐領官職。沙家兄弟感激努爾哈赤，就把在烏拉城的所見所聞渲染一番，講給努爾哈赤，說洪匡早有反意。

一六二五年（明天啟五年），六十七歲的努爾哈赤準備進攻明朝。洪匡認為時機已到，打算偷襲瀋陽，反金復國。誰知機密已洩，早有人把情況報告給

了努爾哈赤。

　　除夕是新舊交替的日子，按女真貴族風俗，這一天姑爺們必須到丈人家拜年。洪匡藉機趕赴瀋陽，打算摸一摸努爾哈赤出兵攻明的底細。拜賀儀式結束後，努爾哈赤賜宴。貝勒、福晉、公主、額駙齊聚一堂，女真人管這叫「團圓席」。席間努爾哈赤特地叫洪匡挨近他坐。洪匡喝得七八分醉時，努爾哈赤問起兩匹寶馬的事，有意索取。洪匡支支吾吾不肯答應，藉故連夜溜回烏拉。

　　洪匡不辭而別，使努爾哈赤確定了洪匡的反意，當下調兵五千，以沙家兄弟做嚮導，討伐烏拉城，並下令斬草除根，杜絕後患。洪匡回到烏拉城，下令把城上金國的旗幟全部換下，打出烏拉國的旗號，同時令大將吳乞發帶五百人馬防守城南哨口要塞，加強戒備。

　　不久，努爾哈赤的大軍就逼近烏拉。洪匡倉促起事，自料難以成功，就對家事做了預先安排。他與公主生有兩子，長子名烏隆阿，時年七歲，次子名烏拉布他哈，僅五歲。洪匡擔心兩個兒子被努爾哈赤殺害，便打發公主回瀋陽去見努爾哈赤，並帶上小兒子烏拉布他哈，長子烏隆阿則留在自己身邊，一旦事敗，保住一個兒子是一個。錦州屯趙姓滿族人的家譜上，烏拉布他哈的名下特別註明「潛移」二字，就是這個原因。

　　戰事很快爆發，哨口要塞失陷，吳乞發同五百將士戰死。努爾哈赤兵臨城下。洪匡仗著寶馬良駒闖出重圍，準備沿松花江北去蒙古借兵，被沙家兄弟封鎖去路，只好折回，又被阻住，最後只好踏冰渡江，奔向北岸。松花江事先已被吳乞發鑿開，漫江水，以阻擋敵軍。所幸洪匡騎的是寶馬很快就蹚到對岸。金兵不敢下水，只好眼睜睜地看著他逃走。

　　洪匡來到北岸哈達山下，山下原有一城，名曰「哈達城」，為烏拉國屯兵之所，國破後，城亦廢棄。洪匡縱馬穿城而過，登上哈達山頂，只見烏拉城一帶大火衝天，知道努爾哈赤在燒城了。洪匡百感交集，自知復國無望，自縊而死，年僅二十八歲（一說二十九歲）。

　　洪匡長子烏隆阿，在亂軍之中被人救出，幾經輾轉，隱姓埋名，定居於哈

達山下的小村莊，即今莽卡滿族鄉錦州屯。他死後就被埋葬在此，被一起埋葬的還有烏拉國最後的歷史。洪匡和烏隆阿雖然死了，但是，他們的後代卻繼續繁衍生息。

歲月悠悠，烏拉國，乃至大清王朝都在彈指一揮之間成了過眼雲煙。烏隆阿古墓卻還依然存在，並且見證著歷史的滄海桑田。

康熙、乾隆詩詠柳條邊

「天子適諸侯曰巡狩。巡狩者，巡所守也。」柳條邊建成後，康熙、乾隆、嘉慶、道光四帝，曾十次巡幸關東，祭謁祖陵。其中，康熙、乾隆二帝均進入吉林境。

一六八二年，康熙第二次東巡，沿途寫下《柳條邊望月》詩：

雨過高天霽晚虹，關山迢遞月明中。春風寂寂吹楊柳，搖曳寒光度逸空。

如今，這幅縱一百二十四釐米，橫五十八點四釐米的紙本行書詩稿就珍藏在北京故宮博物院。

康熙首次抵達打牲烏拉城後，經時任總管滿達爾汗介紹，於五月九日，冒著濛濛細雨乘船沿松花江下行十八里，來到莽卡滿族鄉舍嶺村龍棚屯。康熙一行探訪了關於「龍棚」的傳說，並在江面觀賞烏拉牲丁張網捕魚的情景。返回

▼ 康熙古渡

烏拉城後，康熙帝詩興大發，揮筆寫下《江中雨望》詩：

煙雨連江勢最奇，漫天霧裡影迷離。掀翻波浪三千尺，疑是蛟龍出沒時。

詩中所說的「蛟龍」，指的就是傳說中被百姓救活後升天的那條「真龍」。當地傳說，清朝初年，時逢大旱，七七四十九天沒有下雨，莊稼全都旱死了，牲畜也接二連三地死去。一天夜裡，真龍因乾旱掉到松花江西岸邊，奄奄一息，龍體已開始生蛆。當地百姓為它搭起涼棚，遮擋陽光，又從江中取水往它身上潑灑。在百姓救助下，真龍漸漸康復，在一天夜裡，騰起雲霧，返回天際。緊接著，連降七天透雨，旱情得解。為了紀念這件事，百姓給真龍掉落的地方取名「龍棚」，並一直沿用至今。康熙一行所探訪的就是這段傳說。康熙第二次東巡除了去瀋陽祭祖，在吉林遙祭長白山之外，還有一個重要的目的，那就是考察遼河和松花江的水道通行情況，為轉運軍糧，反擊沙俄入侵，打響雅克薩保衛戰做準備。第二年，康熙特意派寧古塔副都統瓦禮祜等人自伊屯口至伊屯門，伊爾門河口，驗視水勢。伊爾門河就是九台的飲馬河。在驗視水勢

▼ 乾隆古渡

的一行人中，有一位康熙身邊的一等侍衛，著名詞人納蘭容若。他在飲馬河畔看著青青柳條邊，滾滾飲馬河水，靈感所至，寫下《柳條邊》詩：

處處插籬防絕塞，角端西來畫疆界。漢使今行虎落中，秦城合築龍荒外。
龍荒虎落兩依然，護得當時飲馬泉。若使春風知別苦，不應吹到柳條邊。

納蘭容若此番不僅驗視了飲馬河，還穿越九台一路向東北而去進入黑龍江，奉旨考察沙俄侵邊情況。

清朝第二個東巡吉林的皇帝是清高宗乾隆。一七五四年，乾隆皇帝與太后及皇子、大臣等，於舊曆五月六日由圓明園出發，沿康熙第二次東巡的路線「巡幸」東北和吉林，往返一百五十三天，其聲勢和規模大大超過康熙皇帝。乾隆一行於八月初七到達吉林城，前後住了八天。其間，乾隆皇帝在城西小白山望祭殿遙祭長白山神，在溫得亨河舉行祭江神儀式，遊歷北山，隨太后，率王子、諸臣等乘龍船、如意船、花船，由將軍府對面的三道碼頭順江而下，到龍潭山遊玩；在龍潭山「祭龍潭」「封神樹」，並在山城近處的山林間進行了一次頗具規模的行獵活動。北山關帝廟的「靈著幽岐」及龍潭山觀音堂的「福佑大東」等處匾額，就是乾隆皇帝此次東巡留下的御筆。

慶祝完自己的生日後，乾隆在吉林將軍覺羅傅森、副都統額爾登額及烏拉總管巴格的陪同下，來到松花江上，視察烏拉牲丁的打牲活動，並即興寫下《松花江捕獲魚》《採珠行》《詠鰉魚》《柳條邊》等詩。其中，《柳條邊》成為介紹清代柳條邊的代表詩作。全詩如下：

西接長城東屬海，柳條結邊畫內外，
不關阨塞守藩籬，更匪春築勞民憊。
取之不盡山木多，植援因以限人過，
盛京吉林各分界，蒙古執役嚴誰何。

譬之文囿七十里，圍場豈止逾倍蓰，
周防節制存古風，結繩示禁斯足矣。
我來策馬循邊東，高可踰越疏可通，
麋鹿來往外時獲，其設還與不設同。
意存制具細何有，前人之法後人守，
金湯鞏固萬年清，詎系區區此樹柳。

康熙與乾隆兩位皇帝多次東巡，在九台域內的松花江邊留下了康熙古渡、
乾隆古渡等歷史遺跡，至今尚存。

《別了，司徒雷登》中提到的「九台事件」

一九四七年三月一日拂曉，東北民主聯軍一縱隊三師九團派出一個排逼近長春向西偵察。該團五連副連長馬如初帶領三排戰士在卡倫鎮西公路上巡邏、偵察瞭解敵情，忽然聽到在卡倫鎮西南和氣堡屯傳來「突、突、突」的馬達聲，不一會兒，只見從離我軍防線不遠處的國民黨陣地駛來一輛吉普車。馬連長立即命令戰士們迅速疏散，隱蔽在公路橋下。吉普車由遠而近，最後在離小橋幾十米遠的地方停下來。從車上跳下兩個外國人，手裡分別拿著望遠鏡和照相機對我方陣地進行窺視拍照。看到這種情況，馬連長指揮我軍戰士躍上橋面，高喊：「不許動，繳槍不殺！」並向這兩人衝去。

車上的司機慌忙調轉車頭，加大油門，一溜煙逃了回去。兩個外國人被這突如其來的場面嚇蒙了，跑了幾步看撞不上汽車，絕望地癱在地上，乖乖舉起

▲ 「九台事件」發生地：卡倫鎮西南和氣堡屯

雙手。戰士繳獲了他們攜帶的望遠鏡、照相機和兩支短槍。我軍當時就把這兩個軍官模樣的人押送到團部。後轉送到東北民主聯軍總部哈爾濱。經審查得知：這兩人一個是美國騎兵少校芮格，一個是美國步兵上尉柯林士，均係美國駐華大使館助理武官。

芮格和柯林士供認，他們的任務就是到內戰前線進行軍事觀察，把看到的情況報告給華盛頓。其實，他們是在國民黨軍隊掩護下，對我軍陣地進行軍事偵察，經常往來於國民黨統治區域，自由蒐集情報，並且向國民黨軍事機關索取我軍情報。國民黨軍事機關送給他們《戰況通報》，並允許他們自由進出前線。芮格還供述：美國為瞭解東北情況，不僅派領事及武官從國民黨方面獲取情報，而且設有「國外調查團」。這是屬於美國政府的一個組織，其任務不僅是對中國進行軍事偵察，還進行政治、經濟情況調查。其機關在東北設有長春和瀋陽兩個辦事處。在開魯、通遼、內蒙古等地都有美國情報人員活動。這兩名美國軍官在中國行動的暴露，使美蔣合謀掀起內戰的陰謀大白於天下。

一九四七年四月四日，東北民主聯軍總部公布了兩名美國軍官被俘情況及事件真相，抗議美國當局援助蔣介石打內戰的罪惡行徑，向美國政府提出嚴正警告。四月十五日，《東北日報》全文刊登了東北民主聯軍總部公布的調查材料和芮格、柯林士的被俘照片。

我東北民主聯軍總部對處理兩名美國軍官被俘一事採取十分嚴肅認真的態度，對事件進行詳細詢問、調查。在人證、物證面前，兩名美國軍官對其所犯罪行供認不諱。審查期間，我軍本著優待俘虜的政策和革命人道主義精神，在生活等方面給予他們很大的照顧，特別是東北民主聯軍總部派醫生治癒柯林士在德國時凍傷的一隻腳，使他們深受感動。在我黨、我軍政策教育的感召下，芮格和柯林士認識到，他們是美國侵華政策的犧牲者。一九四七年四月二十日，我軍把二人釋放，二人隨即離開中國。

這就是在東北戰場上轟動一時的「九台事件」。毛澤東同志在《別了，司徒雷登》一文中講道：「在北平附近的安平鎮，在長春附近的九台，在唐山，

在膠東半島，美國的軍隊或軍事人員曾經和人民解放軍接觸過，被人民解放軍俘虜過多次。」（1966 年 9 月，長春新華印刷廠印刷，《毛澤東選集》第四卷，第 1429 頁。）充分揭露美帝國主義支持蔣介石打內戰的陰謀。

長春學院在九台建立

九台市區北三公里，九郊街道辦事處沿河村張富屯的路旁有一座宅院。院牆東側立有一塊高一點五米，寬一米的石碑。石碑上刻有「長春市重點文物保護單位，長春學院舊址，長春市人民政府，一九九〇年九月三日公布，九台市人民政府立」的字樣，昭示著這座宅院不同尋常的經歷。

這裡就是「長春學院」原址的所在地。一九四七年，中國共產黨領導的人民軍隊在全國各個戰場上取得節節勝利。特別是在東北戰場上，東北民主聯軍殲滅了國民黨軍隊大量有生力量，使東北地區的大片土地和許多中小城市獲得瞭解放。一九四八年初，除瀋陽、長春、錦州等幾個孤立城市還暫時被國民黨軍隊占領外，大部分地區都已解放。許多人，尤其是在長春等地的青年學生深受鼓舞，紛紛奔赴解放區，申請加入共產黨。

在這種形勢下，中共東北局指示相關部門就地組織學習和培訓，為解放戰爭和接收城市培養幹部，並指示在九台工作的江含同志，在九台建立縣政府招待所，專門負責接收青年學生和知識分子。原建築早已不復存在了。一九四七年十二月二十五日，縣政府招待所在大地主張顯庭宅院正式成立。一九四八年一月，改稱「學生大隊」。

一九四八年二月，隨著戰爭形勢的發展，從長春逃出來的青年學生和知識分子越來越多，「學生大隊」人數不斷增加。經東北局和松江省委研究決定並指示長春工委，以「學生大隊」為基礎，創辦「長春學院」，同時，松江省委派出楊超等八人來九台縣進行籌建工作。四月十二日，長春學院舉行成立暨開學典禮大會，當時有學員一百一十六人，編成兩個班。

長春學院的教學方針是通過組織學員學習黨中央、毛主席關於中國革命的理論和中國共產黨的方針政策，培養學員樹立革命的人生觀和為人民服務的思想，使其成為革命的中堅力量。

學院的教學內容十分豐富，有馬列主義和毛澤東思想、對蘇美的認識、土地改革問題、城市工商業政策問題以及知識分子和文藝方向問題等。

學院大力提倡「團結、緊張、嚴肅、活潑」的「抗大」式校風，以此培養學員們良好學風和作風。在學習過程中，長春學院還組織學員到鬥爭第一線，讓他們經受鍛鍊和考驗，經常派學員參與長春工委工作隊和武工隊的對敵鬥爭，協助蒐集情報和偵察敵特活動等。一九四八年五月，長春學院兩名學員在放牛溝和武工隊並肩戰鬥，阻擊向長春逃竄的土匪，英勇犧牲，將自己的一腔熱血灑在了九台的大地上。

長春學院為我黨我軍培養了一大批幹部，學員累計達到四百五十多人。長春工委先後抽調一百多名學員參加了部隊和地方工作，其中分配到部隊聯絡處四人，部隊宣傳隊四十四人，野戰醫院兩人，長春工委五十五人，長春工委武工隊七人，長春工委情工組七人，工委機關五人，中學工作兩人。這些同志在不同的工作崗位上，盡職盡責，努力工作，出色地完成黨組織交給的任務。

為了培養高級專業技術人才，長春學院還為設在解放區的大專院校輸送學員，其中六十多人被送到東北大學，四十多人被送到吉林工業專科學校。

一九四八年九月初，根據上級指示，長春工委將學院留下的二百八十多人編入長春工委工作隊，派到剛剛解放的吉林市。長春學院至此完成了它的歷史使命。長春解放後，這些同志又被派往長春市，他們在建立新政權和恢復經濟等各項工作中出色地完成了黨交給的任務。

全國第一個縣級有線廣播站

▲ 九台有線廣播站建站初期工作人員合

九台縣人民廣播站於一九五二年四月一日正式向全縣播音。這是全國第一個縣級有線廣播站，在全省乃至全國農村有線廣播事業的發展中都產生過巨大影響。

回顧九台有線廣播歷史，不能不先從兩個小廠說起。一九四七年十月九台解放，當時縣城內有糧油加工廠和麻袋廠。一九四九年八月，這兩個小廠從長春私營阿美無線電社請來王斌德師傅安裝成一台功率為十九瓦的擴大機，帶二十個小喇叭，採用一線一地傳輸，兩廠公用。這實際上就是九台縣第一個有線廣播站。就是這個廣播站轉播了中央台開國大典的實況。

一九五〇年，王斌德先後為九台法院、一商店、九台中學、九台糧庫等十多家單位安裝廣播擴大機。一九五一年秋，縣政府安裝了一台二十瓦擴大機，對城區廣播。這是縣政府負責管理的有線廣播站。

一九四九年末至一九五〇年初，時任縣委書記張鳳岐常在打電話時聽到其他聲音，就派王斌德等人調查，查明是廣播和電話混訊。受這件事情啟發，張鳳岐設想，如果能利用通往各區、村的電話線通廣播該有多

好。說幹就幹，張鳳岐派王斌德、金殿英拿著喇叭到距縣城三十多華里的龍家堡和一百多華里的其塔木兩個區做收聽試驗，結果聲音清晰。

一九五一年九月，吉林人民廣播電台為發展有線廣播事業，召集各縣專職收音員進行訓練，強調開展收音工作的重要性。在

▲ 九台有線廣播站進行技術革新

九台縣委的直接領導下開始了九台廣播站的籌建工作。當時，在全縣安裝喇叭三百三十隻，使百分之九十的村通了廣播。

一九五二年三月，機器安裝調試完畢，四月一日正式向全縣播音。次日，《吉林日報》頭版頭條發布消息——《新中國第一個有線廣播站誕生了》。

九台縣人民廣播站設在縣政府財糧科後院，和警備電話班在一起，占四間磚房，少半間是機器房，多半間是機務工作室兼候播室，一間是播音室，一間放電話班的交換台，多半間是電話班辦公室，少半間是走廊。廣播機器室長三米、寬二點二五米、高二點八米，內有二百五十瓦廣播機一台。播音室設備有國產動圈式麥克風一個、蘇聯產六燈和平牌收音機一台、雙頭電唱機一台、唱片十張，還有鬧鐘一個、普通辦公桌椅一套、小型風琴一架、小唱片櫃一個。雖設備簡陋但負責對全縣的廣播，由此體現出創業者的艱難。

廣播站每天兩次播音，中午十一時三十分至十二時五十分對城區廣播，晚間十九時至二十時四十分對農村廣播。全天播音三小時。播音內容包括對城區讀報或首長講演、專題講座、文藝節目、轉播中央台新聞等；對農村廣播有文藝節目、每週兩次對婦女廣播、兩次政治教育廣播、兩次衛生常識廣播、一次時事講話。每次播音最後幾分鐘預告次日重要節目。每月的一號、十號、二十號有縣報告員對全縣宣傳員報告專題節目。

▲ 《無線電》雜誌介紹九台有線廣播站播音情況

開始播音時，只有一名播音員、一名技術人員，到八月份有四人專職：站長張海山、編輯王忠武、機務王斌德、播音員楊允中，後來王忠武做站長。

一九五二年六月，縣委對組織收聽工作作出部署：各區設收聽站，由區委書記、宣傳委員負責組織收聽。各村設收聽小組，由村黨支部書記或村長負責，由行政組長、互助組長或宣傳員擔任收聽組織員，組織農民收聽。宣傳員還要向農民解釋廣播內容，結合廣播進行宣傳。一個喇叭常常有幾十人、上百人收聽，最多的超過三百人；有的村還建了宣傳棚。針對二十五個喇叭收聽人數的調查表明，平均每個喇叭有一百零四人在收聽廣播。由此可見，有線廣播深受農民歡迎。

建站後，廣播站立即著手發展通訊員，到七月末，通訊員已達二百三十九人，四月至七月通訊員來稿六百零四篇，採用四百四十一篇。

九台縣有線廣播站在宣傳工作方面產生廣泛影響。有的農民說：「一天不聽廣播就好像缺點什麼似的。」廣播成為「農民親密的朋友」，縣委領導稱它為「宣傳工作的半壁江山」。

有線廣播對推動當時的愛國主義豐產運動、宣傳科學增產辦法、推動農村的中心工作、提高婦女覺悟參加生產、豐富農民的文化生活起到了極大作用。一九五六年召開三次宣傳總路線廣播大會，收聽人數達一百二十九萬人次，有線廣播影響之廣、作用之大可見一斑。

1956 年 4 月，增建飲馬河農莊廣播站，一座城鎮廣播站和一個服務部；七月又建成卡倫廣播放大站。總輸出功率達兩千八百五十瓦，線路一千一百五十一公里，一千七百六十隻喇叭，普及全縣二十二個區、二百一十七個村、四

百三十八個農業生產合作社，基本達到村村屯屯有喇叭。

九台縣廣播站建站以來，發生了以下幾件大事：

1952 年，由東北人民廣播電台研究室林青（後任北京市電台台長）和吉林電台台長王世良率領，由東北、遼東、遼西、吉林、黑龍江、松江、熱河、延邊八家人民廣播電台組成的調研團對全縣十一個區、二十四個村進行社會調查，並寫出了一萬多字的調查報告。

1952 年 8 月 6 日，《人民日報》第三版刊登了中共吉林省委宣傳部發表的文章《面向農村的九台縣有線廣播站》，介紹九台縣有線廣播建設工作。

1952 年 12 月 1 日至 12 月 11 日，王忠武代表九台縣廣播站參加全國第一次廣播工作會議，並有書面材料《面向農村的九台縣有線廣播站》在會上印發。

1952 年 12 月，王忠武代表九台縣廣播站出席了中央廣播事業局召開的第

▲ 煙火中的廣電大廈

一次全國廣播工作會議，並在會上作了題為《面向農村的九台縣有線廣播站》的報告。中央廣播事業局局長梅益稱，這種面向農村的廣播站為「九台式」廣播，提倡在全國推廣。

1956 年 1 月，在吉林省第四次有線廣播會議上，吉林人民廣播電台授予九台縣有線廣播站獎旗一面，題詞為「吉林省農村有線廣播站的先聲」。

1956 年 4 月 15 日至 5 月 15 日，中共九台縣委宣傳部長王慶彬，代表九台縣人民廣播站參加全國文化先進工作者會議、全國先進生產者代表會議。1956 年 4 月 24 日，毛主席及中央政治局委員同全國文化先進工作者合影，九台廣播站站長張蔭東列席會議。

1956 年 4 月 15 日，九台縣廣播工作為全國廣播事業的典型，由中共九台縣委宣傳部副部長王慶斌代表九台縣廣播站出席全國文教群英會。

1974 年 12 月 15 日，以越南城鄉通訊總局副局長范俊慶為團長的越南城鄉廣播網考察團來九台考察、學習廣播工作。

1978 年 3 月 18 日，劉萬清代表九台縣廣播局出席全國科學大會。由吉林省廣播局和九台縣廣播局共同研製的九台縣有線廣播「三級遙控裝置」被列為重大科研成果。

郭沫若為九台劇場題字

一九六一年，九台劇場落成。竣工前，經縣領導研究定名為「九台劇場」。縣領導考慮這是九台有史以來第一個較壯觀的群眾文化場所，在題字上應該講究。

當時文化主管部門邀有關領導及書法界人士題字，有的婉言謝絕，有的字不稱心。後來縣人委主管文教工作的副縣長高純樸與文化科長張研商議，以縣人委名義給全國人大常務委員會副委員長郭沫若發函邀書。

半個月後，郭老墨跡寄來。一張十六開略大一點的宣紙，上寫「九台劇場」四個字。郭老題字隨後被送到長春放大，並製成一點二米高的紅漆木字，懸掛在劇場上端，為九台大添光彩。

一九六六年，在「掃四舊」運動中，紅衛兵把「九台劇場」改稱為「紅旗劇場」，並用大木板仿寫《紅旗》雜誌封面「紅旗」二字覆蓋了郭老的題字，這一蓋就是六年之久。

一九七二年，縣委恢復後，為整頓文化場所決定恢復「九台劇場」之名。可是，人們將「紅旗劇場」木字拿下後發現，經過六年風吹雨淋，原字早已破壞腐爛，無法復原，而手稿也已遺失。

在這種情況下，縣委宣傳部部長李彬邀請九台十多位書法界人士重新題寫，經有關領導審定，最後採用周傑所寫的「九台劇場」四個字。現在，「九台劇場」為著名書法家田樹元所書。

赫洵為李大釗烈士撰寫碑文

一九八三年十月三十日，北京香山萬安公墓李大釗烈士陵園舉行落成典禮。陵園陳列室裡一件展品引起所有觀禮者的注目。這件展品就是五十年前，與靈柩一起埋下的李大釗烈士墓碑。人們都情不自禁地發問，在那白色恐怖的年代裡，是誰冒著生命危險撰寫這座墓碑的碑文呢？

墓碑碑文的撰寫者叫赫洵，原名赫長榮，參加革命後曾用名李復，九台市赫家村赫家窩堡屯人，一九一二年出生在一個地主家庭。赫洵少年時，受母親影響較深。他母親李氏是個勤勞善良的農村婦女，很同情勞苦群眾。一九二七

▲ 李大釗烈士墓碑正面

年，赫洵在吉林市讀初中一年級時，遇到這樣一件事情：他的語文老師被校方開除了。這位老師給學生上的最後一課，講的就是李大釗的革命事蹟和被害經過。赫洵深受感動，也想做一個革命者。

他認為李大釗生前戰鬥過的北平是造就革命者的地方，於是，這年暑假，便孤身一人來到北平。赫洵先在北平師大附中補習中學課程，後來以優異成績考入了北平大學法學院。讀書期間，赫洵參加了我黨的外圍組織——河北省互濟會，並擔任秘書、宣傳部長等職務，負責編印互濟會出版的小報《小真報》。

李大釗是一九二七年四月二十八日被害的，其靈柩一直安放在北平宣武門外妙光閣浙寺內。一九三三年春，李大釗夫人趙韌蘭

帶著兩個孩子從河北省樂亭縣來到北平，料理安葬事宜。中共河北省委和北平市委決定搞一次群眾性的悼念活動，指定河北省互濟會具體安排，還要求為李大釗烈士刻製一塊墓碑。就這樣，撰寫碑文的任務落到赫洵身上。

年僅二十一歲的赫洵接到任務後興奮不已，經過深思熟慮，揮筆撰寫李大釗烈士碑文。

碑的正面文字是：

中華革命領袖李大釗同志之墓。

碑的陰面文字是：

李大釗是馬克思列寧主義最忠實最堅決的信徒，曾於一九二一年發起組織中國共產黨的運動；並且實際領導北方工農勞苦群眾，為他們本身利益和整個階級利益而鬥爭！

一九二五年至一九二七年的中國大革命爆發了，使得民族資產階級國民黨無恥地投降了帝國主義和封建勢力，並且在帝國主義直接指揮之下，于四月九日大舉反共運動，勾結張作霖搜查蘇聯使館，拘捕李大釗同志等八十餘人，在四月二十八日被絞死於京師地方法院看守所，同難者二十人。這種偉大的犧牲精神，正奠定了中國反帝與土地革命勝利的基礎，給無產階級的戰士一個最有力最好的榜樣！現在中華蘇維埃和紅軍的鞏固與擴大，也正是死難同志們的偉大犧牲的結果！

落款是：

一九三三年，四月廿三，北平市民革命各團體為李大釗同志舉行公葬於香山萬安公墓。

赫洵寫出碑文原稿後，由北平師大學生、共產黨員王勳室帶給賈毓麟。學校正放春假，在自習室裡，王勳室念一句，賈毓麟抄寫一句。由於怕時間長了被人發現，抄完未及檢查就由王勳室帶走，刻在石碑上。

由於石碑在當時不能公開豎立在墓前，所以只好與李大釗棺柩一同埋於地下，直到五十年後才被挖尋出來。

東北光復後，赫洵曾任《遼寧新報》（《遼寧日報》前身）社長、總編輯，東北人民政府調研室主任，吉林工業大學教育長，吉林省科委秘書長、副主任，吉林省人大常委等職。李大釗烈士陵園舉行落成典禮時，赫洵正在北京治病，應邀出席典禮儀式，站在李大釗的兒子李葆華身邊和中央領導一起緬懷先烈。

▲ 李大釗烈士陵園

烈士陵園還邀請當年籌備李大釗葬禮負責人之一王乃天老人作畫，並邀請赫洵為畫題詩。赫洵接到王乃天老人《蒼松圖》畫作時，已生命垂危。但是，一股強大的力量支持他掙紮起來，把自己的深情貫於筆端，揮毫寫下了《參加李大釗烈士陵園落成典禮有感》一詩：

陵園恬靜五十年，紅葉秋風淡如煙。
一自旭日初昇後，碑頌高潔入雲天。

七天之後，赫洵與世長辭，享年七十二歲。

朝鮮派員來賈家屯拍攝金日成革命活動史蹟紀錄片

　　一九七二年，朝鮮駐中國大使館一等秘書突然來到九台賈家屯考察。他特意訪問了一位名叫石振山的當地農民，並詢問了一些當年「金先生」的事。石振山這才恍然大悟，原來當年的「金先生」就是朝鮮人民的偉大領袖金日成。

　　一九七六年，朝鮮攝影團又來賈家屯拍攝了金日成革命活動史蹟紀錄片。石振山老人高興地向朝鮮朋友介紹起當年金日成同志教學和生活情況，並且表達了對金日成主席的懷念和敬意，衷心祝願中朝兩國人民友誼萬古長青。

▲ 一九七一年十二月五日，朝鮮駐中國大使館一等秘書（前排左起第三人）訪問金日成當年在龍家堡賈家屯從事革命活動的場所。後面的草房是金日成教學的教室

　　九台市卡倫鎮雙陽村（後改歸龍嘉鎮管轄）有個自然屯叫賈家屯，六十多年前，那裡三面長著茂密的柳條通，只在屯子南面有一條通往卡倫鎮的鄉道。霧開河從屯東緩緩流過，滋養出大片肥沃的澇窪地和許多很大的荒草甸子。

一九二四年前後，賈家屯來了一位姓庸的朝鮮族人，和本屯大地主孔老八商談之後，一些朝鮮族人陸續遷居到此，築起攔河壩（當地人稱之為「高麗壩」），耕種水稻。他們多是租孔老八家的熟地和自己開墾澇窪甸子，住房都是租當地漢族居民的。從此，賈家屯形成了共有四十餘戶朝鮮族和二十餘戶漢族的朝、漢雜居自然屯。

因為姓庸的人是朝鮮族中的頭行人，而且賈家屯朝鮮族又多於漢族，所以他就當了屯長，人們都叫他庸屯長。還有一名漢族老屯長叫劉春京，是地主老孔家的親戚。那時，賈家屯是九台朝鮮族最多的一個屯子。距賈家屯較近的雙陽屯、鐘家屯、張家灣，還各散居著三五戶，到八九戶朝鮮族人。

一九三〇年初春，賈家屯來了一位名叫「金成柱」的朝鮮族青年。此人四方大臉，目光炯炯有神，身軀魁梧，經常穿件藍布長衫，脖子上繫著長條圍巾，既樸素大方，又英俊瀟灑，氣度不凡。他說話謙遜和氣，待人熱情誠懇。

「金成柱」來到賈家屯後，在張曉峰、朴守明、金昌范等人幫助下，在李

▲ 金日成主持召開「卡倫會議」

七爺場院的三間草房裡辦起學館，取名「進明小學」。因此，人們又稱「金成柱」為金先生。這三間房舍地勢低窪，夏季雨水大時房屋浸水，到了冬季屋裡又特別寒冷。

一九三〇年六月三十日夜晚，「金成柱」在賈家屯召開了一次祕密會議。會議上，「金成柱」宣布朝鮮革命的前進道路，確立了對朝鮮革命的主體立場和態度，開拓了共產主義運動新的道路，把鬥爭年月產生，並在獄中醞釀成熟的思想和立場，以《朝鮮革命前進的道路》為題發表。這便成為朝鮮革命的路線和指導思想。這次會議的主要貢獻還在於建立了以青年共產主義者為主的最初的黨組織——朝鮮勞動黨雛形。這次祕密會議就是朝鮮黨史上著名的「卡倫會議」。

「卡倫會議」對於朝鮮革命的意義，堪比「遵義會議」對中國革命的意義。金日成晚年還清晰地記得「卡倫會議」召開的情形。

那時，我到卡倫把住處定在進明學校教師劉永宣和張小峰家。張小峰一面在進明學校教書，一面又兼任《東亞日報》支局局長。他和車光秀一樣，善於寫文章，見識高，工作又好，受到同志們的愛戴。他的缺點是回家後常常跟妻子吵架。同志們勸他，他總是埋怨說，老婆太封建，合不來。為了讓張小峰對家庭生活感興趣，我對他進行了多次說服和批評，可是沒怎麼見效。

朝鮮革命軍成立後，張小峰到長春購買武器時被捕轉向了。據說他還參與過要我「歸順」的工作。

在卡倫的革命化方面，金赫和張小峰的功勞特別多。他們同此地有志者合作，建立了學校和夜校，以此為據點開展教育運動，將農民會、青年會、少年會、婦人會等從前的啟蒙團體，改組為農民同盟、反帝青年同盟、少年探險隊、婦女會等革命組織，把各階層群眾出色地教育成為抗日革命的戰士。

金赫主持創刊《布爾什維克》雜誌的地點，也是卡倫。

我到了卡倫也和在四道荒溝時一樣，繼續探索朝鮮革命的前進道路。探索

了一個月左右，整理好寫出來，便成了很長的文章。

卡倫的同志們在進明學校的教室佈置了會場。在教室地板上鋪了草蓆，天花板上吊了幾盞煤油燈。

第一天會議聽取我作的報告，從第二天起下地幫助農民幹活，抽出時間來在河邊或柳樹林裡，分組或全體代表聚在一起討論執行報告提出的任務的措施，這是一種非常獨特的會議方式。

一九三〇年底，屯中漢族農民石振山看到唸書的孩子們手都凍得像小饅頭似的，便起了憐憫之心，找到金先生說：「這裡太冷了，如果不嫌棄的話，請把校舍挪到我那三間東下屋去吧！」金先生感激不盡，連說「謝謝！謝謝！」

金先生感謝石振山難中相助，石振山敬佩金先生的學識和為人。因此，兩人相處融洽，關係越來越密切。逢年過節，石振山總要請金先生過來吃飯，金

▲ 今日卡倫湖的旖旎風光

先生每次來也都買上兩瓶酒或糕點答謝。

在這段時間裡，金先生實際教課的時間並不多，經常外出活動，往往夜不歸宿。出於禮貌，石振山也不好意思過問。但人們看到他與本屯較有名的朝鮮族青年張曉峰、朴守明、金昌范以及金龍德、李孝傑等人來往密切。賈家屯的東南是一大片柳條通。閒時，金先生就到柳條通裡散步，有時三五個人聚在一起談論什麼，遇有外人走來，他們便中斷交談，人們只能看到幾個青年人在一起嬉笑。金先生晚上沒事不外出時，就到房東屋裡和石振山說古道今，講一些有趣的故事。

後來，和金先生一起共事的張曉峰給日本人當了翻譯，向日軍提供了賈家屯的情況。金先生聞訊後，於一九三二年冬祕密離開賈家屯和房東石振山分了手。石振山不知道金先生去了何處，但是，他心裡時刻都在想著「金成柱」……

梁博獲二〇一二年《中國好聲音》年度冠軍

　　二〇一二年，一檔綜藝類節目「中國好聲音」火爆了整個夏天。來自九台的小夥梁博以其簡單、純粹、直接的表現受到了無數電視觀眾與歌迷的喜愛。隨著總決賽的落幕，梁博最終毫無懸念地擊敗吳莫愁、吉克雋逸、金志文問鼎，獲《中國好聲音》第一季「年度好聲音」獎。同年十二月二十九日，他又憑藉原創作品《因為》獲得第二十屆中國歌曲排行榜年度最受歡迎新人獎。

　　一九九一年三月二十五日，梁博出生於九台市一個普通家庭，他父母都是做小本生意的。二〇〇三年，還在上小學五年級的梁博迷戀上了吉他。二〇〇四年生日時，媽媽送給了他一把吉他。同年，剛上初中的梁博在一家吉他培訓中心開始接受正規音樂教育的道路。隨著吉他技藝的提高，他開始自彈自唱並

▲ 梁博參加「中國好聲音」與導師那英同台演出

嘗試創作錄製歌曲。二〇〇七年梁博就讀於一所中專學校，其間經常去吉林藝術學院看流行音樂的排練演出，他最大的願望就是辦一場演出。二〇〇九年梁博以優異的成績考入吉林藝術學院流行音樂學院流行音樂演唱專業本科。從此正式踏上音樂道路。

作為新生代的原創搖滾音樂人，梁博在二〇一二年參加《中國好聲音》評選；2012.08.03 期浙江衛視《中國好聲音》第四場節目上演唱鄭鈞的《長安長安》，從此加入那英的團隊；2012.09.07 期《中國好聲音》那英組的四強考核賽中梁博綻放自己的實力，成為那英四大門徒之一；2012.09.28 期《中國好聲音》那英組終極考核四進一比賽中，梁博以帶有強烈個人風格的《私奔》和《像個孩子》打動了在場的四位導師和現場參與投票的媒體，最終成為代表那英團隊、代表「小二班」進入最終對決的黃金戰將；2012.09.30 期榮獲《中國好聲音》第一季「年度好聲音」獎。

楊坤評價他，有許巍、汪峰、鄭鈞三個人的氣質。那英則認為：「聽你唱歌，我是有畫面的，你是有故事的。」曾經受邀指導那英組選手的導師汪峰也全程關注了比賽，並對梁博的表現給予了充分肯定：「梁博用他的純粹而略帶憤怒的聲音繼續征服了大家，晉級決賽！為他高興！」

梁博被稱為「真正擁有搖滾靈魂的歌者」。那英也曾在後台讚道：「梁博是個非常淡定的孩子，無論是什麼時候，他心裡都非常有底，是一個真正傳遞搖滾精神的人。」

▲ 新洲公園一角

第二章
——

文化名人

　　任何歷史，歸根到底都是人的歷史；任何文化，其實質也都是人的文化。在九台的發展進程中，湧現出無數聲震當時，名垂後世的人物。他們中有「吉林三傑」中的成多祿、徐鼐霖，有將《倉央嘉措情歌》傳播到世界各地的學者王沂暖，有至今仍活躍在文壇的楊子忱、聶德祥，有極富傳奇色彩的「關東金王」韓邊外……正是因為這些人的存在，才使邊台文化變得如此豐富、精彩。他們猶如一顆顆璀璨的明星，照亮了邊台的夜空；又如一粒粒晶瑩剔透的珍珠，串成了邊台人，乃至吉林人永恆的記憶……

▌一代名士──成多祿

　　吉林地處東北邊疆，在中國傳統文化領域開化較晚。然而，在清末民初，一直默默無聞的吉林文化卻異軍突起，不但走進公眾視野，而且與中原地區相比毫不遜色。「吉林三傑」就是那一時期吉林文化的代表。而作為「三傑翹楚」的成多祿，更被近代著名史學家王樹楠視為是與納蘭容若等並駕齊驅的人物。

▲ 成多祿

　　成多祿（1864 年至 1928 年），原名成恩令，字竹山，晚號澹堪。他一生的主要成就集中在書法和詩歌，被譽為「關東詩豪」「詩筆雙絕」。

　　成多祿書法師承翁同龢，復取歐、顏、蘇、翁各體，薈萃眾美，不落窠臼，卓然成家。晚清名士張朝墉評其「先生生平書法喜歡臨摹翁同龢，在與好友湘帆先生的書札中，幾於亂真」；大書法家張伯英評其說：「松禪（即翁同龢）書極力精工，有作意太過者。澹翁學之，能任自然，故妙。」後人把成多祿與金代王庭筠、清代卜永譽、鐵梅庵相併論，譽為東北有史以來四大書法家。

　　成多祿祖籍山西省洪洞縣。其先人因官職變遷來到河南省確山縣，又從確山縣來到北京。康熙二十四年，《成氏家譜》中記載的始祖成鳳鳴「奉旨實邊」來到吉林烏拉城北查裡巴屯。成多祿的爺爺成可功舉家搬遷至其塔木鎮西北五里的地方，即今成家瓦房。

　　成多祿的父親成榮泰曾任吉林打牲烏拉總管衙門六品驍騎校，授中憲大夫；母親瓜爾佳氏，滿族正黃旗，伊犁將軍世襲一等候──威勇侯的女兒。

　　成多祿生於清同治二年（1864 年）的臘月初八，那一年，成榮泰四十三歲，瓜爾佳氏三十九歲。

過去流行抓周的習俗。將紙筆刀箭等物放在盤中任由嬰兒抓取，以占卜孩子將來的志趣。小成多祿先抓取了一枚小印，但隨即撇去，又抓了一支筆，始終不放，這似乎也在冥冥之中預示了成多祿一生的命運。

成榮泰雖係武職，卻精通滿漢兩種文字，深諳儒家經典。在父親的調教下，成多祿自幼就表現出了異於常人的天資，五歲識文，六歲能將「四書」倒背如流。一天，同鄉進士楊誠一拜訪成榮泰，看到書案上的詩稿後，問小成多祿：「能詩否？」小成多祿爽快地回答：「能！」楊進士遂以秋郊為題讓他作詩。小成多祿略加思索，脫口吟道：「滿地高粱紅，四山榆葉風。」楊進士興奮地對成榮泰說：「此子將來必能詩，好好為之！」

十四歲時，成多祿拜山東宿儒王桐階為師，學問日漸精進，於詩詞文賦一途也遊刃有餘。王桐階為人慷慨，頗有古代俠士的風度。成多祿對待朋友赤誠相見，以義氣為重，也是受到老師的影響。後來，王桐階因老來無子，一心想回鄉討房小妾以延續香火。本來已經託人說好了，但由於沒錢過彩禮，一直拖沿著。成多祿知道後很替老師著急，就和妻子商量，悄悄地拿出妻子娘家陪嫁的金條為老師娶了親。後來，那小妾真為王桐階生了個兒子，取名王德紹。成多祿聞訊後還特意寫了兩首詩道賀。

十六歲，成多祿參加院試，以第一名的成績考中秀才。主考官是以人品和文章風骨名聞天下的武昌學者王孝鳳。這位當世鴻儒看到成多祿的文章後，連聲讚歎，呼為「國器」，並親手贈給成多祿一部清代學者張伯行著的《小學集解》和一卷《格言聯璧》。

二十二歲，成多祿到吉林崇文書院深造，拜在顧肇熙門下。顧肇熙是位勤勉、淵博的長者，他十分看重成多祿的才學。後來，顧肇熙看破宦海沉浮，隱居於蘇州城南的木瀆鎮。同樣歷經宦海滄桑的成多祿還特意去拜訪過恩師，兩人秉燭夜話。

二十二歲，成多祿參加乙酉選拔預科的考試，並以第一名的成績考取拔貢生。但朝考期間，成榮泰病故，成多祿回家奔喪，而後，重回崇文書院讀書。

在崇文書院讀書期間，成多祿不但遇到了數位授業恩師，更結識了一群志同道合的同窗好友。二十九歲那年，成多祿與曹季武、李雲松、鄧節珊、宋百泉等人共同發起組織雪蕉吟社。詩友之間往來唱和，成為一時美談。三十歲時，成多祿搬往吉林市局子街居住，認識了同學徐鼐霖。那年徐鼐霖二十九歲，由於父親亡故，家道中落，成多祿給予了他無私的幫助，二人由此結下深厚友誼。第二年，成多祿資助徐鼐霖一同進京參加朝考，結果成多祿意外地病倒在考場，徐鼐霖也是名落孫山。

朝考失意歸來，成多祿立誓不再參加科考，每日閉門讀書。三十五歲時，成多祿結髮妻子孟孺人因積勞成疾，撒手人寰。為了照顧老母和五個孩子，同年十二月，成多祿又娶了好友魁升（字星階，曾任吉林省長）的妹妹唐淑為妻。唐氏為人極和婉，服侍老母非常周到，對先生的五個孩子也視如己出。

成多祿三十六歲時，魁升要到盛京將軍伊克唐阿帳下擔任官職，路過吉林力邀成多祿同行。伊克唐阿對成多祿早有耳聞，相見之後即委以文案的重任。不久，徐鼐霖也投到將軍帳下。昔日同窗好友成為今日同僚，成多祿倍感欣慰。後來，由於吉林鬧匪患，成多祿擔心母親安危，便把母親和妻子也接到盛京，一家人團聚。

然而好景不長，「庚子之亂」爆發，成多祿只好攜家眷與魁升一道返回吉林。母親瓜爾佳氏的身體已十分虛弱，回到吉林後不幸離世。她臨終前叮囑成多祿：「天下將亂，吾不願汝作好官，但願汝好好讀書，好好做人而已。」母親的話對成多祿後來的人生道路產生了深遠影響。這一年，成多祿剛好四十歲。

在「庚子之亂」中，下級軍官程德全因表現出色，被慈禧太后破格提拔為齊齊哈爾副都統，地位僅次於黑龍江將軍。程德全久仰成多祿的大名，特意登門拜訪，力邀成多祿出山。成多祿欣然受命，在程的幕府中主管文案工作。不久，吉林人宋小濂和好友徐鼐霖相繼來投奔。「吉林三傑」齊聚於程德全幕中。很多人都說「吉林三傑」都是崇文書院的同學，其實是個誤解。成多祿和

徐鼐霖是同學，而與宋小濂初次相識是在齊齊哈爾，程德全的幕府中。

在眾人的鼎力協助之下，不到一年時間，黑龍江省面貌一新。成多祿四十三歲時，程德全派其出任綏化府。因母親遺言在耳，成多祿堅決推辭，程德全不允，無奈之下，只得與其定下「三年之約」——「必爾，則以三年為期，及期須容我還也。」程德全大笑著答應了。

在綏化任職期間，成多祿修葺官署，興辦教育，擴充街基，鼓勵商業，興修水利，平息民間爭訟，懲治惡霸奸黨。在任三年，綏化面貌大為改觀，民眾安居樂業，綏化城鄉，路不拾遺，夜不閉戶。先生贏得百姓愛戴，被呼為「清廉太守」。

三年後，有道員巡視到綏化府，公然索賄，被成多祿拒絕，此後便處處刁難。成多祿感慨道：「古人不肯為五斗米折腰，今為此居諸物所侮弄，是胡為者！」毅然將官服、官印放到衙署中，找程德全辭職。程德全因早有「三年之約」，只得同意了他的辭呈。

成多祿依舊留在幕府，他每感於「天下滔滔，污人猶膩，思欲得吾學以澹之。」因而為自己取號「澹堪」，表達亂世之中淡泊明志的高尚情操。後，程德全調任江蘇巡撫，成多祿亦隨同前往。赴蘇時成多祿隨身行李極其簡陋，卻拉了滿滿一大車書，讓前來送行的親友大為感慨。成多祿怡然自得，吟道：「人生萬貫不為奇，架上有書乃富翁。」

在蘇州，成多祿結交了許多江南文人雅士，包括近代著名詞人朱古微、詩人畫家兼金石學家鄭文焯，梁啟超、郭沫若的授業恩師趙堯生，近代詩人夏劍丞以及著名書畫家、篆刻家吳昌碩等，都是文壇泰斗式的人物。如今滄浪亭、網師園、寒山寺等名勝古蹟都留有成多祿的詩作和墨寶。在此期間，成多祿還遵照父親遺囑回鄉修成了共十捲的《成氏家譜》。

辛亥革命爆發，成多祿退隱山林。而宋小濂則出任黑龍江省都督，徐鼐霖也在黑龍江開荒和管理邊防事物，二人多次請成多祿出山，成多祿都不為所動。由於成多祿聲望甚高，民國五年，被選為吉林省第二屆參議院議員。其

間，在宋小濂的幫助下，成多祿刊印《澹堪詩草》第一卷，編訂《思舊集》上、下兩卷，由吉林印書館刊印。

　　不久，成多祿離開吉林，去了北京。從此，開始了「十年燕市黃花酒」的詩酒生涯。正是由於這種不問世事，相對比較輕鬆的環境，使成多祿在人生的最後十年裡，詩歌和書法創作都達到了巔峰。這一時期，與成多祿相交摯厚的文友除陸續移京的宋小濂、徐鼐霖外，還有近代著名文學翻譯家林紓，近代史學家、散文家王樹枏，曾任中華民國總統的徐世昌，以及趙爾巽、黃維翰、張之奇、宋伯魯、秦望瀾等人，俱是民國名士。成多祿還參加和組織了「九九詩社」「漫社」「嘤社」等詩歌社團組織，創作了大量流傳後世的名篇佳作，成

▲ 成多祿書法藝術

為北方詩壇的盟主。在京十年，成多祿僅短暫擔任過「參議院議員」「教育部審核處處長」「北京圖書館副館長」等幾個職務。

一九二三年，六十一歲的成多祿在京西城馬市橋南溝沿二十一號購得一處舊宅，並進行維修。這就是著名的「澹園」，也是成多祿人生最後的居所。

一九二八年，成多祿離開「澹園」，重訪在他一生中占據重要地位的黑龍江齊齊哈爾等處後返回吉林老宅。十一月二十日未時，成多祿在吉林西大街二十一號本宅中與世長辭，享年六十六歲。隨後，靈柩被運回故鄉其塔木鎮安葬，一代先賢長眠於故鄉的熱土之中。

成多祿人品才華不但名重當時，而且對後世產生深遠影響。他的子女及後人多能詩善書，品行高尚。二子成世英是著名書法家，在全國書法大賽中榮獲第一名，長於鐵線篆；三子成世偉是著名詩人；四子成世傑是著名書法家，在吉林省書法大賽中獲一等獎；五子成世超、六子成世堅均是著名書法家。成世傑之孫成其昌是當代著名作家、詩人、楹聯家。成世堅之女成立是中國楹聯學會唯一一位女性常務理事，二〇一二年出版了以成氏家族在京生活為背景的紀實小說《澹園往事》。成其昌次女成硯是清華大學建築學博士，是鳥巢的設計師之一……

吉林英傑——徐鼐霖

徐鼐霖（1865 年至 1940 年），原名立坤，字靜宜，又字敬芹，號憩園，晚號退思，一八六五年十一月十一日生於今九台市二道溝村。徐鼐霖精詩文、擅書法，與成多祿、宋小濂相交摯厚，被世人並譽為「吉林三傑」。

▲ 徐鼐霖

其父徐延璇，少年應試未第改習中醫，以高超醫術和「守道樂善」的品德著稱鄉里。徐鼐霖少時曾被土匪綁架。當土匪得知他是徐延璇之子後，因敬重其父為人，特意將鼐霖護送回家。徐鼐霖幼年入塾讀書，頗聰穎，秉承父訓「實至者名，必歸格致，即治平之本」，以是志在治國平天下，不拘於貼括之業。

清代吉林，漢民地位低下。漢民子弟欲憑藉科舉入仕，實非易事。徐鼐霖十七歲取得秀才資格，然而此後數次應試均不得授。二十六歲那年，徐鼐霖與成多祿同到崇文書院，受業於著名學者顧肇熙，其才學日漸精進。孰料，二十九歲時父親去世，家道中落，徐鼐霖一度生活拮据，全靠成多祿資助才得以維繫學業。第二年，徐鼐霖在成多祿的資助下，入京參加會試，結果雙雙名落孫山。

時值甲午戰爭爆發，日本陸軍渡過鴨綠江，侵占中國九連城和安東，東北危急。吉林人于蔭霖奉命招募團練，保家衛國。徐鼐霖毅然投筆從戎。但不久清廷下令議和，徐鼐霖恨恨還鄉。

歸家後，徐鼐霖復思父親臨終遺囑，「當今之世，苟無科名以輔之，抱道自高，功業何由表現。」因此，仍操舉子業。可是《馬關條約》等一系列不平等條約的簽訂令徐鼐霖憤恨不已，再度投筆從戎。

一八九八年，徐鼐霖入盛京將軍伊克唐阿幕府，負責文書及交涉事宜。雖

然後來他考中了己亥科附貢，並被于蔭霖讚為「後來之翹楚，實予所心折者」，但已年近四旬，又有家室之累，徐鼐霖決計放棄科考，報效邊庭。

庚子之亂爆發，沙皇親點十八萬大軍分六路入侵東北。徐鼐霖隨督護道壽仁山督兵義州對抗沙俄。其間，聽說成多祿一家蒙古庫倫落難，便冒著生命危險，單人獨騎，奔馳千里，為成多祿一家送去衣物、給養。次年，壽仁山回師奉天途中被虜，有人向盛京將軍增祺誣告是徐鼐霖的過失所至。因徐事先得罪過增祺，增遂下令將其囚禁，幸虧成多祿與魁升多方營救，竭力辯誣，才在一個月零三天后獲釋，並以歷年功績擢用為知縣。

一九〇四年，程德全出任齊齊哈爾副都統，力邀徐鼐霖和成多祿為幕僚，掌管全省文案，批答往來文件。第二年，徐繼宋小濂職任黑龍江海倫直隸廳牧，未出守，依舊為程德全謀劃新政。一九〇七年徐世昌任東三省總督，用徐鼐霖為總督署諮議廳顧問，後為禮科兼學科參事，即外交及文教方面的顧問。一九一〇年，黑龍江巡撫周樹模慕徐之名，任徐鼐霖為候補知府分守黑龍江興東兵備道道員，整飭兵備。一九一一年，徐因籌邊有功賞加二品銜，特授黑龍江民政使、籌防處總參議、軍政處處長兼第二路統領官、都督府參謀長、文案處會辦，並誥封其三代為光祿大夫和一品夫人。在黑龍江任職期間，徐鼐霖與成多祿、宋小濂等人憂國憂民，奮起圖救，全力輔佐程德全實行新政，使黑龍江內政面貌一新，對俄交涉也掌握了一定的主動權，收回不少已失權利。他們還試圖收回俄國侵占的中東鐵路沿線權益。一九〇五年，徐鼐霖祕密到滿洲裡考察沿線鐵路各站。此後在徐的建議下，程德全上書給外務部，並獲得朝廷允准。

徐鼐霖不僅關心黑龍江，關注東北，也注意蒙藏等陸地邊防。他曾撰《籌邊芻言——經營蒙藏以保存中國》一書，從勢力、地理等方面闡述蒙古和西藏是中國神聖不可侵犯的領土，表現出強烈的愛國情懷。

就在徐鼐霖欲大展所學之時，辛亥革命爆發，清帝退位，徐鼐霖只得掛冠而去。友人曹秉章曾評價徐鼐霖前半生的經歷說：「官轍所至，勤政愛民，不

妄取一錢。遇有益民社之事，恆歷艱犯難而為之，不遺餘力。」

辛亥革命讓徐鼐霖十分震動，他決計到全國政治中心北京看看。一九一八年，徐世昌任大總統後，徐鼐霖應聘為大總統顧問，一九一九年，出任吉林省長。此時，他已看出了日寇的狼子野心，一直憂心忡忡。在省長任上，徐鼐霖殫精竭慮，銳意改革吉林地方財政，為減輕地方負擔，準備裁減軍隊，使軍警合一。但徐鼐霖的這些改革措施遭反對，遂於翌年九月去職。從此息隱山林，「矢不復出」，去京閒居，和宋小濂、成多祿經常一起飲酒賦詩。一九二〇年，徐鼐霖以歷年所積在北京購置房屋，命廠橋居室為憩園，在西山靈光寺西韜光故址建別墅曰潛廬，欲息隱林園，退思補過，抱杞人之憂，無問世之志，故自號退思。

退思為何？徐鼐霖自然想到被綁上北洋軍閥戰車上的這段經歷，繫繩人，同時也是北洋系中主要人物徐世昌。徐世昌慫恿袁世凱撕毀《中華民國臨時約法》，挑撥府院衝突，暗助張勳復辟，納賄營私，罪莫大焉。然而，自與徐世昌相識以來，屢蒙提攜，邁室聯宗，被呼六弟，情逾手足。但一思及民國紛亂，外侮日極，痛定思痛，徐鼐霖決計不能為親者諱，必須揭露其卑劣行徑，於是寫下《徐世昌當國瑣記》，以示國人。

雖然退隱林泉，但徐鼐霖仍情繫桑梓，不忘為故鄉做力所能及之事。吉林人士議修縣志，徐鼐霖積極響應，於一九二七年出任《永吉縣志》在京總裁辦事處總裁，延請當時史學專家章華、黃維翰等負責編纂《永吉縣志》。

一九二八年，徐鼐霖與成多祿、齊耀琳請於有司，就廠橋額登保祠舊址捐資修建吉林先哲祠，祀有勳勞於國於民的吉林先哲十三人，以示景崇。同時繼承父志，重訂《徐氏宗譜》。

東北淪陷後，為了救濟流亡到北京的吉林同鄉，徐鼐霖不顧年事已高，出任吉林同鄉會會長，東奔西走，募集捐款，為先後到京的七千九百多難民解決食宿，舉辦念一中學，供流亡學生就讀，為能工作者介紹職業，為去大後方者資助路費，長達兩年之久。一九四〇年，徐鼐霖與世長辭，享年七十六歲，死

後歸葬二道溝徐氏墓地。

對於自己的一生，徐鼐霖生前曾自擬一聯，文曰：「念一身無過無功，地獄天堂，問閻羅何以處我？溯先世克勤克儉，朝乾夕惕，願子孫勿忝所生。」

徐鼐霖是極具愛國情懷的文人。東北淪陷後，他堅持不與偽政權合作，表現出了極高的民族氣節。偽滿重臣張景惠與熙洽受日本關東軍司令指使兩度派張燕卿、洪維國勸說徐鼐霖出山，徐鼐霖臥床稱病拒絕。日偽政權又抬出金石學家羅振玉前去勸說。徐鼐霖指著羅振玉的鼻子罵道：「你年紀比我大，乃投敵事偽，真白髮蒼蒼老而不死！」遂割袍斷義。

「七七事變」爆發，北京城落入日本人掌控之中。徐鼐霖次子與偽滿軍事大臣于琛澄之女因同學相愛而結婚。徐鼐霖痛罵其子認賊作父，欲斷絕父子關係。後來，于琛澄特意來北京拜訪徐鼐霖，力勸其出山，大肆吹捧日寇勢力如何強盛。徐鼐霖怒不可遏，當眾罵道：「呸！是何言也！日本是出國之眾，中國是衛國之師，日本侵略終必敗，中國抗戰久必勝！」于琛澄頓時面紅耳赤，啞口無言。

徐鼐霖一生雅好經史，擅詩文、工書法，人稱文思敏捷，下筆立就。徐鼐霖著述頗豐，流傳有《憩園詩草》《憩園老人集》《憩園存稿》《籌邊芻言》《吉林先哲祠題名記》《蒞吉宣言》《祭滄垤文》《宋小濂晚學齋詩集序》《徐氏宗譜》等，現有《徐鼐霖集》行世。

▲ 徐鼐霖書法藝術

《關東金王》中的金王——韓憲忠

▲ 《關東金王》劇照

韓憲忠就是風靡全國的電視劇《關東金王》中那位赫赫有名的「關東金王」韓邊外。電視劇中，關於尋找「金脈」的情節就脫胎於韓憲忠的親身經歷。韓憲忠和他所建立的「黃金王國」對整個東北地區的政治、經濟、軍事、文化都產生過重要影響。時至今日，關於他的傳奇故事仍在東北大地上廣為流傳。

韓憲忠（1819 年至 1897 年），字瑞臣，又名現宗、效忠，一八一九年生，祖籍山東省文登縣韓家莊，一八二五年隨父韓元毓涉海投奔遼寧韓氏宗親，後輾轉來到八台村花曲柳溝屯定居。韓元毓以在沐石河集市販馬為生，後因妻子病故，家境無以為繼，將幼子慶宗託付給朋友寄養，把年僅十三歲的長子憲忠送到沐石河侯家崗的侯姓地主家打雜。

一八四二年，韓憲忠迎娶東家女侯氏，回到邊外花曲柳溝，重新與父親和弟弟住到一起，開始經營斷炊已久的家庭。韓憲忠生來愛冒風險、敢闖蕩，童年隨父親販馬時就對賭博饒有興趣，在侯家扛活時，便開始參與耍錢。也正因在邊裡耍錢時「自報家門」，才留下「韓邊外」的綽號。兒子綬文週歲不久，韓憲忠因負賭債被迫外逃，先在吉林打零工，又進長白山挖參，幾經周折後，「闖邊」到夾皮溝淘金。他為人豪爽大方，交往極廣，又多謀善斷，贏得越來越多採金工的敬佩。

一八五九年，韓憲忠因發現「金脈」漸成勢力，不久占山為王，組織私人武裝，統治一方長達數十年。一八六四年，韓憲忠利用協助平定李維藩起義的

機會獲得六品軍功，同時恩准播放荒地，安插金工。隨後，韓憲忠建立起完善的「會房」統治機構。這一帶的採金工、伐木工、農民、獵民、採參人都歸他統治。老百姓也「只知有韓，不知有清」，因此，外人都稱之為「小韓國」，實際上也是獨立的「黃金王國」，而韓邊外則成為名副其實的「關東金王」。

韓憲忠勢力不斷增大，引起清廷恐慌，先後三次發兵圍剿，都被其巧妙化解。一八八〇年，光緒皇帝派欽差大臣吳大澂赴吉林，協助吉林將軍銘安辦理「韓案」。吳大澂與銘安密議對韓憲忠進行招安，並在吉林省城撥地建宅，令其子孫居住，名為「恩賞」，實做人質。晚年的韓憲忠將精力全部投入到「邊外」建設上，勢力範圍不斷擴大，「其地東西袤長八百餘里，南北橫幅五六百里，皆效忠勢力範圍也。蓋今吉林樺甸、磐石、敦化、蒙江、撫松、安圖，曩皆稱之為韓邊外。」

後韓憲忠因子韓綏文不成大器，遂將家業交給長孫韓登舉管理。甲午戰爭爆發，日軍大舉進攻東北地區，時韓憲忠年已古稀，後於一八九七年病逝，韓登舉主動請纓，替祖父掛帥出征「募得獵戶壯丁七千，編為步兵十四營」，給予日寇極大打擊。

韓登舉，字子生，一八六九年生。韓登舉自幼聰敏好學，七歲入私塾就讀，課餘時間酷愛舞槍弄棒，還主動參與家人一塊守門、掃院子、站櫃檯，養成了愛勞動和習武的性格。一八八六年，韓憲忠為其長孫娶妻完婚。韓登舉所娶侯氏女，就是九台沐石河老東家、韓憲忠老岳父的曾孫女。

韓登舉繼承祖業之後，躊躇滿志，一心振興祖業，訓練鄉勇、剿匪安民、維護一方平安。在正家風、肅軍紀的同時，進一步加強了家庭內部教育和管區內的文化教育，狠抓了種植業、養殖業、工商業等各項與百姓密切相關的大事，採金引進新技術，數十處金廠產量都大幅度提高，年產量高達六萬兩。

甲午戰爭後，韓登舉被清廷封為「育」字軍三營統領，後出任「吉」字軍統領。由於清廷腐敗無能，日俄早已對東北虎視眈眈，以各種理由輪番入侵。韓登舉率韓家練勇迎戰，保家衛國，欽差大臣王崇文贊其有「保全土地之功」。

同時，韓登舉也引起同盟會的重視。一九〇七年二月，孫中山派宋教仁遊說韓登舉反清。其間「間島問題」爆發，宋教仁根據韓登舉提供的資料，寫下《間島問題》書，為中國進行間島談判提供有力證據，迫使日本承認中國對間島的主權。

　　一九一九年十一月初，韓登舉赴省城祝賀鮑貴卿榮任吉林督軍，並索要礦權、林權，不幸身染霍亂，病死吉林，終年五十歲。

　　韓登舉逝世後，韓家第四代韓繡堂繼任韓家執事家長。韓繡堂，字文卿，係韓登舉之長子，一九〇三年生。繡堂因年歲尚小，先入奉天（瀋陽）「東北三省陸軍講武堂」學習。這期間，由堂兄韓錦堂代理執事家長。一九二一年畢業後，韓繡堂始執家政。一九四八年十月二十七日，韓繡堂染病死於北京厚生

▲ 老金礦的瞭望塔

醫院，終年四十五歲。

韓繡堂持家無力，加之國內外形勢，尤其是日寇對東北的侵略致使「韓邊外」家業日趨衰落，直至一九四〇年，徹底土崩瓦解。

田園書家——閻魁

閻魁（1876年至1946年），字星槎，號曜化，九台市上河灣鎮榆樹村沙石嶺屯人，清光緒二年（1876年）農曆十一月初五生，清末民初書法家、詩人。其半生隱居鄉野，頗似晉代大詩人陶淵明，因此人們稱其為「田園書家」。

翁同龢點評北方書法時曾說「成多祿將會拿筆，閻魁剛會看帖」，閻魁知道後潛心書道，終得書法精髓。閻魁兄弟二人，長兄閻倫。閻魁自幼聰敏，頗嗜讀，「初入塾學，過目成誦」，伯叔皆愛之。他有一伯父在省城吉林任職，待他鄉塾畢業後，即考入吉林法政學校經濟科就讀。閻魁於吉林法政學校畢業，經國家高等文官考試任京部主事等職，不久便辭官歸里。

閻魁回鄉後，杜門謝客，潛心書法。他練書法「白晝將息，至夜方作」，因此人們都叫他「夜耗叟」。一九一八年，張作霖就任東三省巡閱使，羅致人才，閻魁被請出，出任東三省財政總巡閱使。時有名紳金明川任東三省總鹽運使，與閻魁不和，張作霖又偏袒金明川。閻魁一氣之下，以假歸為名退居鄉里。

閻魁生性耿介，疾惡如仇，不願結交官府，喜與文人墨客往來。成多祿、宋小濂等都與他有交往，所贈條幅上題「星槎仁兄雅正」「星槎大人惠存」等字樣。著名國畫家王蘭坡也贈過他畫。

偽滿時期，有日本學者慕名前來求字，閻魁只稱「眼花手顫不能寫了」，連面都不見。閻有一子，飽讀詩書，亦工書法，閻魁堅決不許其在滿洲國任職。

閻魁生活儉樸，平時身穿粗布衣裳，且有補丁，腳穿布鞋，不論冬夏皆穿白布襪子，每日粗茶淡飯，喜煙酒，好氣功。他練氣功常與書法結合起來，融為一體，互相借鑑，大有獨到之處。他有侄閻翰笙，家族中唯他叔侄二人相處

最近。閻翰笙任東北講武堂教育長，瀋陽淪陷後回到故里賦閒，常住於閻魁家中。一九四六年，閻魁害急症病逝於家中，終年七十歲，所修築道院亦毀於「文革」中。

閻魁的詩詞、對聯，寓意深刻，清新灑脫。有一次，地方請他為打土匪犧牲的士兵寫輓聯。閻魁不假思索下筆成章。聯語是：「死死死！人心死，道心死，跳梁小丑胡不死；哀哀哀！軍界哀，政界哀，士農工商皆為哀！」

閻魁好友死於雨天，他送去輓聯。聯語是：「天召太無情，竟冒雨而歸，從此飯後茶餘，談宣有幾；師黃直可賞，唯遺風尤在，至今城庠裡序，化育無雙。」

閻魁為焦家嶺友人新建門樓寫的對聯是：「山嵐排闥，炯樹成利，輪煥常新商士第；杖履優鄉，冠裳式國，忠誠堪媲昔賢風。」

「五老道院」築有假山，山上築有小齋和亭子。在亭柱上有閻魁自撰自刻一副對聯，是一九三二年寫的，「任漫天雲霧，無非蟲沙，何如幾杯濁酒；普大地眾生，是真麂狗，豈值一枕黃粱。」

▲ 閻魁書法作品

吉林才子——劉化郡

　　劉化郡（1900 年至 1976 年），字希琨，號甦庵，祖籍天津府鹽山縣，一九〇〇年出生於九台春陽村和尚窩堡屯，民國學者、教育家，被譽為「吉林才子」。

　　劉化郡自幼聰明，過目成誦；一九一八年，考入吉林省立師範學校，攻讀國學；一九二三年回鄉辦塾，雖三尺童蒙，山野村夫，與之坐議立論，終日不倦。

　　劉化郡常為鄉里事不畏邪惡，仗義執言。興隆屯戰姓農戶為雙廟子警察所誣，即將傾家蕩產。劉化郡憤書訴狀，告至省府。其狀辭犀利，卒令省府大僚驚懾，戰氏冤得申。自此，人爭稱之為「小聖人」。

　　一九二八年，劉化郡經吉林省田賦局長楊璞庵介紹到財政廳任科員，復兼楊家庭教師；兩年後，應長春官銀錢號總辦榮厚之邀赴長春任其秘書，作圖書編目工作，兼榮府家庭教師。榮府「貫甲樓」藏書萬卷，多為古籍，四五年間劉化郡遍覽群書，作《貫甲樓藏書記》以志不忘。

　　劉化郡學識淵博，擅詩文，極受社會名流、學者推崇，被譽為「吉林才子」。一九三三年，劉化郡被偽民生部大臣李紹庚聘為家庭教師；一九三八年，長春護國般若寺法師澍培聘其為古文講師，為僧眾講授佛經及儒家經典；一九四三年，九台士紳郝憲章聘劉化郡做家庭教師。士紳子弟聞訊多來求學，劉化郡遂借紅十字會會址為學堂，開授「唐詩」「宋詞」「五經」「四書」「書法」等課。

　　一九四五年，國民黨派喬樹芳為九台縣縣長，劉化郡受聘為縣政府秘書，因與喬意見不合，月餘後被解職；一九四六年，劉化郡赴吉林，任國民黨財政廳稅務科長。他多次上書反對「焚山而獵，竭澤而漁」式的稅收政策，主張「保稅源以利久遠」，結果備受冷落。

兩次冷遇使劉化郡對國民黨失去信心，對共產黨有了新認識。他說：「修身乃治國平天下之本，共產黨幹部清廉節儉，大事必成。」後來，共產黨從長春撤退時，劉化郡冒生命危險掩護共產黨幹部家屬脫險。一九四九年，全國解放，劉化郡無比喜悅，稱「新中國為五千多年來未見過之清廉政府」，並寫詩慶賀：

昔日遭淪落，
如今返自由。
不期衰老日，
得見太平秋。

　　一九五六年，劉化郡任東北師大圖書館臨時館員；一九五八年返鄉，針灸行醫，從事著作。劉化郡一生著有《尚書譯註》《淮南子割記》《風詩箋注》《甦庵先生詩存》等書。稿多散失，只有《尚書譯註》和《甦庵先生詩存》傳世，為其長孫劉啟林保存。

　　劉化郡於一九七六年去世，終年七十六歲。

格薩爾學泰斗 —— 王沂暖

　　王沂暖（1907 年至 1998 年），名王克仁，又名春冰，字春沐，號長白散人。一九○七年一月二十三日生，九台石頭嘴子村石頭嘴子屯人。歷任蘭州大學、西北民族學院副教授、教授、甘肅省文史館館員，中華詩詞學會顧問，甘肅省社會科學聯合會副主席，甘肅詩詞學會副會長，甘肅民間文藝家協會副主席，江南詩詞學會理事。名字列入胡繩同志主編的《中國名人大詞典》。

　　一九二二年，王沂暖十六歲，考入吉林一師。一九二四年全省國文大中學校舉行會考，他獲得第一名。一九二六年轉入長春二師，暑期考入北京大學中國文學系。一九三一年暑期自北大畢業，回吉林任女中國文教師。當年轉省一中仍教國文。

　　「九一八」事變後，日本帝國主義扶植起傀儡政權偽滿洲國，對東北人民實行殘暴統治。王沂暖作為一名有熱血的愛國青年，深感亡國之痛，憤而寫詩填詞，以記其事，以抒憤懣，詩詞創作，逐漸多了起來。他在《登吉林北山曠觀亭》詩中，唱出了「金甌破碎家何在，銅狄摩挲淚已乾。」的亡國之恨。

　　一九三六年十月，因日寇策動晉察冀獨立，中山中學遷往南京，他亦隨之南遷。一九三七年七七事變後，教育部電令學校西遷武漢，後又遷湖南。一九三八年五月十五日，王沂暖應邀入成都西陲文化院，開始自學藏文，從此走上了藏文翻譯、研究之路。他先後參與中國第一部《藏漢大詞典》早期藍本的編寫工作，漢譯出版《西藏王統記》《印度佛教史》《米拉日巴傳》等書。

　　流亡期間，王沂暖對日寇的仇恨，對國土淪陷的憂傷，對故鄉土地、親人的思念，無不縈繞於胸中，故而感時詠事，寫出許多慷慨激昂的詩篇。如他在《故都郊行》詩中寫道：「謾愁浪跡成孤另，未卜何年見太平。遙指白雲東北望，寇深親老動鄉情。」在中華民族危亡之秋，王沂暖作為詩人、學者用自己的如箭之筆，揭露日本帝國主義的侵略罪惡，記錄了中國人民抗日鬥爭的英勇

歷史，表現了中國進步知識分子的可貴氣節與愛國情操。

一九五〇年，王沂暖應聘到蘭州大學任副教授；一九五二年，調西北民族學院教學並帶研究生。其間，翻譯出版了《猴鳥的故事》《玉樹藏族民歌選》《西藏短詩集》《倉央嘉措情歌》《頓月頓珠》《朗薩姑娘》《藏漢佛學詞典》等書，從而奠定了他在藏學界的地位。

一九五七年，王沂暖開始從事藏族史詩《格薩爾》的翻譯和研究工作，先後翻譯作品二十餘部，出版十七部，發表格薩爾學學術論文二十多篇。其中，

▲ 《王沂暖詩詞選》

他與已故藏族著名藝人華甲合譯的《格薩爾王傳貴德分章本》成為珍貴的孤本。他首先提出了《格薩爾》分為分章本和分部本的觀點，算出《格薩爾》二十五點七萬詩行的確切數據，從而認定《格薩爾》是世界上最長的史詩。他也因此被譽為「格薩爾學泰斗」「格薩爾學奠基人」。

王沂暖堅持詩詞創作，取得新的成果。他將新中國成立前的詩詞彙集成《春沐詩甲稿》《春沐詞甲稿》，新中國成立後的詩詞彙集成《春沐詩乙稿》《春沐詞乙稿》。一九八六年他將詩詞甲乙稿，加以篩選，編成《王沂暖詩詞選》，由青海人民出版社出版。他的詩沉雄遒勁，清通曉暢，富有韻味。他主張詩詞改革，廢除舊韻，掃除陳言，少用典故。

王沂暖雖然遠離桑梓，但一直關心故鄉的建設與變化，在離鄉幾十年後，一九八一年他曾返歸故里一遊，面對家鄉巨變，撫今追昔，感慨萬千。同時，作為蜚聲全國詩詞界的著名詩人，王沂暖對故鄉九台詩社的發展，對《九台詩詞》的出刊，給予了熱情的關懷，以八旬高齡，數次來函賜稿，給予支持，寄

予厚望，表達了老人懷念故鄉的拳拳之忱。

一九九八年，王沂暖病逝於蘭州，享年九十一歲。

瘦金書傳薪第二人──郝幼權

郝幼權（1927 年至 1999 年），字秀原，筆名顧默予、雲中君、屈魯等，一九二七年九月五日出生於今九台街道，中國書法家協會首批會員、吉林省書法家協會理事、著名書法家。

其父郝權斌雖是知識分子，卻因討厭官場流弊而不入仕途。以糶糧糶米為業，商號裕昌東，是當時九台縣大賈之一。

郝幼權自幼聰慧，喜愛寫字、畫畫。其父治家嚴格，郝幼權雖是獨生子，卻從不嬌慣。上小學時，郝幼權課後總要做兩件事：一是幫助家裡幹些力所能及的活；二是在祖父教授下學習珠算，好讓他將來繼承家業。可是郝幼權對繼承家業並不感興趣，學打算盤總是漫不經心。

一九四三年，郝幼權從九台縣敷文國民優級小學畢業。其父親出於對日寇的痛恨，不肯讓他繼續接受奴化教育，便請了學識淵博的劉化郡老先生任塾師，傳習四書五經和書法等中國傳統文化。郝幼權學書法，初臨華世奎，後經劉先生指點，改摹顏真卿《大字麻姑仙壇記》。

劉老先生為人豪爽耿直、治學嚴謹。郝幼權不僅折服于先生的學識，而且敬重他的為人。經劉先生兩年多的教誨，郝幼權在古典文學和書法等方面都打下堅實的基礎。

一九五〇年，郝幼權從長春眾藝美術學校畢業，恰趕上長春電影製片廠招錄寫字幕的。他以優秀成績被錄用，從此開始了書法藝術生涯。他刻苦鑽研書法藝術，真草隸篆無所不習，尤其是對瘦金書情有獨鍾。

瘦金書是宋徽宗趙佶創造的書體。趙佶因受北宋書法家黃庭堅的影響，取黃字的豪放、伸張，去其「肉」，存其「筋」，筆畫細如柔絲，變化萬千，既剛勁挺拔，又嫵媚飄逸，獨成一派，是一種難以臨摹的書體。國人學此書者，為數不多。

▲ 郝幼權書法藝術

練書法和健康長壽關係太大了，寫字時心平氣和萬念俱息，所對者唯有面前的紙掌中的筆筆下的字，其靜如練氣功，寫字時橫拉豎推左顧右盼寶指虛掌凝全身之力，其功如練拳術書完懸于壁上自賞自評，每有進益不覺神清氣爽周身舒暢，長此以往獲益匪淺，幾十年如一日堅持下去當然身心俱健了。

百零八歲辛亥革命老人孫墨佛先生談書法與健康

長春郝幼權書

　　郝幼權與瘦金書結緣，要從一九五八年長春電影製片廠拍攝《火焰駒》說起。當時導演張辛實找他，讓他把字幕寫成瘦金體。他接受任務後，整整練了二十天，寫出來的瘦金書大受好評。第二年，文化部召開電影特技會議，要求各電影製片廠報項目，長春電影製片廠決定報畫《西府海棠》。這個任務自然落在郝幼權頭上。他採用先畫雙勾，然後像製作動畫片那樣，按筆畫順序一筆一筆地往上添墨，每添一筆用攝像機照一筆，最後連續放映，每個字便一筆接一筆地呈現出來，很有動感。此舉又受到參加特技會議同行們的好評。從此，郝幼權對瘦金體備加喜愛。

　　他學瘦金書，每寫一筆都要細心揣摩，還經常麻煩老伴在放大鏡下，一邊看字帖，一邊看他寫的字，兩相對照，指點正誤。就這樣苦心練了十九年。功夫不負有心人，他寫瘦金體，幾乎可以「亂真」。一九七九年，瀋陽舉辦全國第一屆書法篆刻大賽，他用瘦金體書寫岳飛《滿江紅》一舉入選。同時，被吸收為中國書法家協會的首批會員，又擔任了吉林省書法家

協會理事。這幅入選作品被收錄在《全國第一屆書法篆刻大賽作品集》、一九八二年第一期《書法》雜誌、《書法集錦》等書刊中。尤其是《書法》雜誌刊用後，在國內外產生了轟動效應，前來求字者絡繹不絕。聯合國教科文組織在中國召開學術討論會時，特意來函向他求字。他的書法作品還在日本等國展出。他先後應邀為黃河碑林、翰園碑林、四川太白碑、四國廣東澳島摩崖，以及長春杏花村碑等書寫碑刻；又應邀給黃鶴樓寫條幅，給晴川閣寫楹聯。一九九四年，為紀念毛澤東誕辰一百週年，毛主席紀念堂向全國徵集書法和繪畫作品，他送去的書法作品被入選和珍藏，並頒發收藏證書和紀念品。

郝幼權於真、草、隸、篆各體均有很深造詣，尤精瘦金書，被譽為繼於非闇先生之後瘦金書傳薪第二人。他所寫的瘦金體既嫵媚委婉又挺拔勁健，被譽為「吉林一絕」。在香港、台灣的書法界同仁中，談起瘦金書就聯想到郝幼權。二十世紀九〇年代初，他應香港《龍語》雜誌之約，撰寫題為《瘦金書瑣談》，介紹了瘦金書和他學習瘦金書的體會。在文章結尾時，郝幼權寫了一首詩，「數十年來學瘦金，常覺落筆不從心。一橫『如意』陳書案，兩撇幽蘭出谷深。竹葉迎風渾相似，三味畫中亦可尋。」

此外，他還與「民國四大公子」之一的張伯駒，著名藝術考古學家、中央美術學院教授、東方藝術史研究專家常任俠，著名畫家李又罘、啟功等大師合作書法作品，深受好友讚賞。著名鑑賞家張伯駒讚譽他：「幼學壯行成在晚，權衡舉重運如輕。」

郝幼權不僅書法造詣深厚，而且對古文、詩詞、繪畫、文物鑑賞等都頗有研究。「文革」前，他編輯、繪畫了《王若飛在獄中》《元人十大喜劇》《三十六計》等百餘部「小人書」。出版有《山野詩詞》。

一九九九年四月二十七日，郝幼權於長春去世。

卦拳宗師——張忠禹

張忠禹（1883 年至 1973 年），清光緒九年（1883 年）生，山東省冠縣城東北宋村人，九台縣業餘武術學校創始人兼武術教練，著名武術家。因其曾在九台縣城西門外開磚窯為業，人們又稱之為「西窯張」。

張忠禹自幼隨叔父張振湖學武，擅長卦拳、洪拳，精通丈八槍、眉鐮等長短兵器。十七歲時，張忠禹參加義和團，後逃亡東北，落戶撫順當窯工。因教窯工練武，引起日本人猜忌，被關禁閉。張忠禹趁日本人不備，掙斷繩索，掰彎窗口鐵欄逃脫，輾轉來到九台以開窯為生。張忠禹性情剛烈，疾惡如仇，頗有大俠風範。一九三四年，他曾在吉林北山廟會上怒懲欺負中國人的日本浪人磯谷川，以一招「二龍吐鬚」將磯谷川雙眼戳瞎。

一九五八年，國家號召發掘武術遺產，地方名士李三爺和縣體委佟景居老師三請張忠禹出山，成立九台縣業餘武術學校。一九五九年，張忠禹代表九台縣武術隊參加吉林省武術比賽大會。當時，他已近八旬，白鬚飄然，雙目如電，所表演的卦拳，震驚四座，受到專家高度讚揚，稱他為「卦拳王」，並榮獲武術表演一等獎。

「文革」期間，張忠禹慘遭迫害，致使雙目失明。業餘武術學校也接連遭受兩次洗劫被迫停辦。一九七三年一月二日，張忠禹逝世，享年九十歲。

軍旅作家──紀鵬

　　紀鵬（1927 年至 2006 年），原名紀鵬雲，筆名季石、何雨、魯吉等，一九二七年五月三十一日生於九台挖洞溝村西挖銅溝屯，二〇〇六年去世，中國作家協會會員、著名軍旅作家。

　　一九四八年，紀鵬於長春學院肄業，同年加入中國人民解放軍開始了軍旅生活。瀋陽解放後，紀鵬被編入炮縱特種兵裝甲師宣傳隊，參加排練演出，創編節目，逐漸成為一個能寫詩文的文藝兵，後來，還參加了抗美援朝戰爭。

　　紀鵬歷任松江軍區前進指揮宣傳隊隊員，戰車師《戰車報》編輯，《人民裝甲兵》、總政《解放軍戰士》編輯，《解放軍文藝》編輯組長，國防科委十四院宣傳處副處長，解放軍文藝出版社研究員、特約編審，《中國風》雜誌常務副主席，編審。中國散文詩學會創會副會長、中外散文詩研究會名譽會長，中日歌詞研究中心、中國毛澤東詩詞研究中心常務理事。

　　著有長詩《鐵馬騎士》，詩集《藍色的海疆》《愛的交響曲》《北國江南》《山情水韻》，漢俳《拾貝集》，散文詩集《淡色的花束》，散文詩歌集《獻給祖國的花環》，詩論集《詩林漫步》等二十餘部作品。一九八四年，紀鵬出訪巴基斯坦，他以火樣的激情，花樣的思緒，寫出了詩集《茉莉花集》，並由中國外文出版社出版烏爾都文版，這也是中國第一本用烏爾都文出版的個人詩集。

　　紀鵬的組詩《戰火中紀事》獲解放軍總政治部自衛反擊保衛邊疆英雄贊徵文詩歌獎，全國一九七九至一九八〇年度中青年詩人優秀詩歌獎。《不老的青春之歌》獲全國首屆蘭陵美酒杯詩詞大賽三等獎。詩論《哪本書是新中國的第一本散文詩集》獲中外散文詩研究會第四屆年會優秀論文一等獎。《歷史題材詩作應尊重歷史──關於長詩〈'97 詩韻〉的商榷》獲世界學術貢獻獎評審委員會（香港）論文金獎。

袁惠民和他的「大頭人」

　　袁惠民（1938 年至 1998 年），原名鐸江，一九三八年生於河北省獻縣，以畫「大腦袋，短身體，神態各異」的「變形兒童」享譽畫壇。先後擔任中國美術家協會會員、中國版畫家協會會員、中國書畫協會理事、九台市美術家協會副主席、九台市戲劇創作室高級美術師、九台市拔尖人才、中國視覺公司高級工藝美術師，出版有《袁惠民黑白木刻選集》，一九九三年被評為「世界銅獎藝術家」。

　　袁惠民出身於普通農民家庭，因天災人禍，八歲時隨父母逃荒到東北，幾經輾轉來到九台安家落戶。袁惠民自幼喜愛美術，並表現出異於常人的天賦。九台解放後，袁惠民開始入學讀書。上初中時，他既是學校的文藝「尖子」，又是體育健將，還曾因勇救落水人員而名動一時。不過真正讓他聞名邇邇的還是繪畫。一九五四年，十六歲的袁惠民在《中國青年報》發表了自己的處女作——漫畫《一鳴驚人》；到初中畢業時，他已在《吉林日報》《北京晚報》等報刊上發表幾十幅漫畫。

　　中學畢業後，袁惠民進入九台縣文化館，成為一名專業美術工作者。從那時起，他就與版畫結緣。袁惠民曾帶著自己創作的十多幅木版畫找到著名版畫家戈沙。戈沙對他的作品給予了充分肯定。一九六二年，袁惠民考上中央工藝美術學院，但由於各方面因素干擾，沒能去入學。袁惠民一怒之下自修了大學美術的全部課程。「文革」期間，袁惠民受到很多不公正對待，甚至一度被禁止畫畫，但他絲毫沒有退縮。別人不讓他畫，他就偷著畫，甚至躲在廁所裡畫。

　　改革開放以後，長期受到壓抑的袁惠民終於迎來了藝術上的春天。他幾乎天天筆不離手，繪畫成為他生命中最重要的事情。在此期間，他創作了數以千計的作品，這些作品也為他贏得了大量榮譽。袁惠民創作美術作品的種類很多，有版畫、漫畫、剪紙、連環畫、國畫、裝飾畫等，在海內外二百家報刊發

表。有的畫被選入全國中專美術教材、中學美術教材，以及《建國以來優秀兒童漫畫選》《看圖說話一百期》《小朋友雜誌優秀作品選》《現代中國版畫家新作選》《中國婦女優秀作品選》等選集。他的作品曾六次參加全國美術作品展，多次在省、市參展並多次獲獎，在澳大利亞、新西蘭、祕魯、特立尼達、日本、美國等地展出，有的被國內外美術館收藏和陳列。

著名作家冰心老人在全國美展上看到袁惠民的作品後，十分激動，來信索要他的作品。二人書信往來，成了沒見過面的忘年交。朱德夫人康克清從冰心老人那裡看到袁惠民的作品，愛不釋手，並親自給袁惠民寄來紀念品。還有許多外國友人登門拜訪，只為收藏一件袁惠民的作品。

袁惠民創作的兒童題材木版畫，寥寥數筆，卻意境深遠，將童趣表達到了極致，形成了獨特的藝術風格。其代表作品有《上學去》《春》《老師早》《冬》等。「袁氏大頭人」成為中國版畫界獨具特色的藝術符號。江蘇畫家何鳴芳曾這樣評價袁惠民的版畫：「他的作品看上去好像是信手拈來的東西，其實裡面卻蘊含著畫家幾十年來的豐富經驗。」

▲ 袁惠民版畫

袁惠民把畢生精力都投入到繪畫領域，直到病逝前夕，還念念不忘畫在小本子上的幾個草稿，準備病情稍有好轉就將那幾個草稿變成作品。然而，無情的病魔並沒有給他這個機會。一九九八年十一月十五日，袁惠民溘然辭世，年僅六十歲。

▲ 袁惠民版畫《種豆得豆》

著作等身的鄉土作家——楊子忱

楊子忱（1938年-　），滿族，一九三八年二月五日生於九台三台村小南溝屯，國家一級作家。

一九五九年，楊子忱畢業於四平師專中文系，先後任吉林省伊通縣第一中學教員、九台縣公路養路段工人、九台縣廣播電視局編輯和記者、九台縣委宣傳部新聞幹事、長春市史志編纂委員會副編審、長春市黨史研究室編審、長春作家協會副主席、吉林省作協第七屆理事、中國鄉土作協第五屆理事、吉林省文學創作中心首聘作家、中國作家協會《中國作家‧紀實》簽約作家。

楊子忱少年時代就對文學有著濃厚興趣。十六歲那年，他去北大荒看望姐姐，同時帶去了自己的幾篇習作。姐姐不屑看，讓他去找前院餵雞的右派老丁婆。老丁婆看了楊子忱稚嫩的作品後，認真評點，還說了幾句鼓勵的話。後來，楊子忱才知道那位「老丁婆」竟然就是中國著名作家丁玲。若干年後，楊子忱又意外遇到了丁玲。令老人家沒有想到的是，當年的懵懂少年也已成為著名作家。

二十世紀七〇年代末，楊子忱就已小有名氣。有一次他在公交車上丟了錢包，裡面有錢、糧票、工作證等。沒過幾天，他居然收到小偷寄來的信，裡面還夾著糧票和工作證。有意思的是，小偷還附了一首打油詩：「子忱先生，久聞大名，錢我留下，糧票你用，以後出門，請多慎重。」

楊子忱於一九五六年二月開始發表文學作品，由詩歌步入文壇，兼及小說、散文、紀實、傳記、兒童文學創作。迄今已出版主要文學作品專著《山影集》《松花江傳》《男兒的山女兒的河》《村邊有條女兒河》《我的滿族族歌》《王爾烈全傳》《金聖歎全傳》《紀曉嵐外傳》《鬼聖蒲松齡》《鬼才金聖歎》《改變嘉慶一生的帝師王爾烈》《天下第一辯紀曉嵐》等六十八部一千四百餘萬字。

此外，還發表中篇小說《情債》《關東那座王陵》《燈紅燈綠》《駝虎傳奇》

《駝龍傳奇》《賽駝龍傳奇》《夏大刀傳奇》等五十餘部，著名抒情長詩《1998》《1999》《2000》《師歌》《春華頌》《豐碑頌》《祝捷頌》等一百餘篇，文學論文《面對新世紀的文學新思考》等多篇。主編文史叢書《中國共產黨領導下的長春人民抗日鬥爭活動》《解放戰爭時期長春剿匪鬥爭》。

　　楊子忱獲得全國滿族文學獎，蟬聯三屆全國鄉土文學獎、蟬聯三屆全國「新世紀之聲」徵文獎詩歌銀獎，蟬聯二屆三項全國新田園詩獎，全國吳伯簫散文獎，以及《文藝報》《人民日報》《中國作家》作品獎、筆會獎，還有長春文學獎成就獎，世界漢詩勛章，吉林省政府嘉獎，第十屆長白山文藝獎終身成就獎等國家、省、市各級獎項八十九項。

▲ 楊子忱

書法家——張煥秋

▲ 張煥秋書法藝術

張煥秋（1962 年-　），一九六二年十一月出生於九台營城鎮，中國書法家協會會員，吉林省書法家協會副主席。他自幼喜愛書法，七歲時拜營礦名家為師，從歐楷入手，一寫十餘載，練成童子功。他寫的蠅頭小楷，懸肘書之，頭平尾齊，字字如珠。二十世紀七〇年代，學書法是件奢侈的事，學書者多為缺少紙張所困擾。張煥秋見紙即書，先寫小字，後覆大字，直到無法書寫才扔掉。他家開小賣店。一次，其父進了一批衛生紙，不幾日就「賣沒了」。父親納悶兒，四處翻找，終於找出一大摞。原來，都讓張煥秋偷著練字了。

初中畢業後，張煥秋以優異的成績考入九台師範，眼界逐漸開闊。當時的九台師範以書法教學聞名。畢業後，留校任書法教師，後到團縣委工作。其間，他開始學顏、柳、趙諸家，又學二王，從《蘭亭序》入手，習行草，並能相

互借鑑，融會貫通。此時，他的書法已見個人風貌，在九台書壇已小有名氣。八〇年代中期，他為「九台百貨大樓」題寫的巨幅楷書大字，筆法遒勁，結構嚴整，一時好評如潮。

張煥秋愛書法幾近痴迷，遍臨名帖，臨池不輟，博采眾美。公文包裡經常裝有字帖，每有閒暇便取出研讀。復主攻魏碑，對書法理論進行深入研究，從哲學、美學角度探索「道」與「技」的關係。此期間，他廣交書法名流，與叢文俊、景喜猷等學習交流。功夫不負有心人，學書四十餘載，終有所成。

他的書法用筆爽利，筋豐骨健，勁健中見清麗，雄渾中見灑脫，以氣勢取勝，尤以碑書見長，自得體勢，聲譽頗高。

張煥秋不但書法出眾，而且愛好廣泛，乒乓球、排球、滑冰樣樣在行。他喜歡讀書，政治、經濟、史學等均有涉獵。在團縣委工作時便通讀了《資本論》，並記有心得。張煥秋還愛好文學，興情所致，即寫幾行新詩，偶爾也寫格律詩。《新農村建設》是他一首格律詩，其律詩平仄諧調，對仗工穩，顯示了紮實的文學功底。

新農村建設

豐年瑞雪舞當空，願景藍圖繪古城。
發展城鄉融一體，繁榮經濟哺三農。
村村通向康莊路，戶戶翻新致富經。
百萬父兄齊跨越，黃龍騰飛乘長風。

堅守詩心五十年的詩人 —— 聶德祥

　　聶德祥（1950 年-　），號劍氣軒主，祖籍山東，一九五〇年十月二十四日生於吉林省琿春縣。一九六九年末隨父母遷居九台。一九八七年，由省煤田地質勘探系統調入九台地方工作。係中華詩詞學會會員，中國散文詩學會會員，吉林省詩詞學會副會長，吉林省作家協會會員，長春市作家協會會員，九台市文聯名譽主席，九台市作家協會名譽主席，原九台市政協副主席。現已出版詩詞集《試劍集》《虎嘯集》，輯印友人贈詩集《礪劍小札》，主編出版《九台詩詞》二至八集。已編定待刊有《相知集》《劍氣軒存稿》。另有新詩、散文詩、散文、論文等作品散見於全國報紙雜誌及各類專集、合集。

　　聶德祥在讀小學時就酷愛讀書，喜愛文學，受東北著名作家駱賓基曾就讀於本校史實的影響，一九六四年小學六年級時，開始做起了作家夢、詩人夢。他首先接觸的就是詩歌，尤其是格律詩詞的學習與寫作。儘管那個時代學習條件艱苦，求教無門，購書無處，又經歷「文革」的劫難，上山下鄉，且從事四海為家的地質勘探工作，家庭負擔又分外沉重，但聶德祥始終不改初衷，堅持學習與創作，利用極為有限的業餘時間，鑽研古今名著，甚至手抄了王力的《詩詞格律》，以及《白香詞譜》等典籍，在七十年代初就較早地掌握了格律詩詞這一古典文學形式。在工作、生活、學習的重重壓力之下，他沒有放棄對於詩歌的苦戀與追求，而是「途中夢裡，煉字調聲苦」，一直痴迷於其中，並逐漸躋身於中華詩詞的藝術殿堂。

　　一九八五年，聶德祥憑藉自己詩詞創作的實力，加入了吉林省長白山詩社，而後又擔任理事；一九八七年加入了新成立的吉林省詩詞學會並擔任理事，換屆時當選為副會長；以後又加入了中華詩詞學會。這些活動使聶德祥得以廣交省內外詩詞名家，視野得以開闊，詩藝得以提升。在這種背景下，聶德祥一九九一年出版了詩集《試劍集》，這是我省新時期以來較早的個人詩詞結

集。這本書在省內外獲得好評，影響了一批初學者。至今，人們談論吉林省的詩詞創作，仍會經常提到這部作品。

二〇一一年聶德祥出版的《虎嘯集》，則是精選了他近五十年的佳作，展示了其大半生的創作成果。聶德祥的詩，格律嚴謹，風格清雄，感情真摯，語言典雅，直面人生，干預現實。《虎嘯集》出版後，好評如潮，作者很快就收到省內外詩友的贈詩百餘首，給予積極肯定。他還一直致力於詩詞理論的探索，一九八五年發表的《舊體詩詞創作芻議》，是全國較早研究詩詞繼承與創新的文章，當時著名詩人、學者公木即評論「芻議所提問題極是」。《虎嘯集》也收入了作者若干篇理論文章，這也是我省詩詞界的一個理論成果。

二十世紀八〇年代以來，他的散文詩、格律詩均在省及全國數次入選、獲獎。一九八六年散文詩《鑽塔上的情思》獲《中國煤炭報》、中國煤礦文化宣傳基金會舉辦的微型作品徵文獎；一九九二年詞作《滿江紅・參加長白山詩社詩詞創作會議有作》獲首屆中華詩詞大賽佳作獎；另有詞作《賀新郎・〈試劍集〉編定感懷》入選；一九九三年詞作《八聲甘州・魯迅先生逝世五十週年》獲長白山詩社、《吉林日報》聯合舉辦的「今日神州」詞曲徵文獎；一九九四年詞作《賀新郎・寄榆樹詩社友人》李杜杯大賽入選；一九九五年詞作《賀新郎・〈試劍集〉編定感懷》獲鹿鳴杯全國詩詞大賽佳作獎；一九九五年詩作《七律・抗日戰爭勝利五十週年感賦》獲長白山詩社、《協商新報》聯合舉辦的紀念抗戰勝利五十週年徵文三等獎；一九九六年詞作《劍器近・抗戰勝利紀念日泛舟松花江》獲振萬杯全國詩詞大賽佳作獎；二〇一一年詩作《七絕・魯迅》獲北京魯迅博物館、中華詩詞網主辦的「紀念魯迅誕辰一百三十週年詩詞大賽」三等獎。

聶德祥不僅五十年如一日堅持創作，還熱心參加社團活動，致力於傳統詩詞普及與提高，是我省詩詞界的資深領導人之一，並在其中發揮積極作用。他是九台詩社早期活動的參與者和領導者，擔任常務副社長以來，實際主持、組織詩社各項活動，擔任《九台詩詞》主編，利用業餘時間，主編《九台詩詞》

二至八集。二十八年來，他與詩社各位領導，先後發現、連繫、培養本地詩詞作者上百人，通過多種方式，開展各項活動，普及詩詞知識，交流創作經驗，提高創作質量，發展創作隊伍，擴大詩社影響。在詩友們出版個人作品集的時候，聶德祥都竭盡全力給予了支持與幫助。目前，九台詩社已成為九台歷史上最為持久、最為活躍的一個社團，成為九台群眾文化生活的一個亮點，成為對外宣傳、展示九台的一個窗口。《九台詩詞》則成為九台文化的著名品牌。

著名翻譯家——林少華

林少華（1952 年- ），祖籍山東蓬萊，1952 年出生於吉林九台，著名翻譯家，知名專欄作家，因譯村上春樹作品《挪威的森林》而為廣大讀者熟悉，代表譯作有《村上春樹作品集》。

1968 年，初中畢業的林少華適逢「文革」，遂回到鄉下務農；後升入吉林大學外文系就讀日文專業；1975 年畢業後繼續深造，並於 1982 年獲吉林大學文學碩士學位。1982 年至 1993 年期間，林少華與妻子一同任教於暨南大學外語系。1993 年，林少華到日本長崎縣立大學執教；1996 年回國，返回暨南大學文學院任職教授。1999 年，林少華調往青島海洋大學任職（現更名為中國海洋大學）；2002 年，曾到東京大學擔任特別研究員；現任中國海洋大學外國語學院教授，招收日本文學與翻譯方向研究生。

在當今中國，如果你是村上春樹迷，那麼對林少華的名字就應該不會感到陌生。迄今為止，村上春樹大陸版譯作，幾乎都是出自林少華之手。他也因此被廣大讀者稱為村上春樹的「金牌御用翻譯」。從 1989 年翻譯《挪威的森林》開始，林少華浸淫村上春樹文字已達二十年之久，總共翻譯村上春樹作品三十二部，是中國翻譯村上春樹作品最多、也是最受歡迎的作家之一。其中《唐招提寺之路》獲第五屆全國外國文學優秀圖書獎一等獎（2001 年）；《挪威的森林》獲 2002 年上海優秀圖書獎二等獎。此外，他還翻譯了夏目漱石、芥川龍之介、川端康成、井上靖、東山魁夷等名家作品，撰寫中日古詩比較和日本近現代文學研究方面的學術論文二十餘篇。林少華以優美典雅的文字和對日本文學作品氣氛的出色把握，受到讀者的推崇。 北師大學者王向遠在《二十世紀中國的日本翻譯文學史》中評價：「可以說，村上春樹在中國的影響，很大程度依賴於林少華譯文的精彩。」

評劇名家——劉志傑

劉志傑（1914 年至 1996 年），一九一四年農曆臘月十一生於天津市，母親劉賈氏是舊戲班的服裝師。劉志傑自幼跟隨母親行走江湖，受到了良好的藝術薰陶。她天賦好，手巧心靈，又博聞強記，十六歲時，拜遼寧省北鎮縣夜主戲班的琴師李保德先生為師，先學梆子中文場二胡，兩年後改學評劇，兼拉京劇。僅幾年的時間，她既學藝，又登台伴奏，一時成為戲班中頗有名氣的琴師。

不幸的是，二十二歲時由她掌管的戲班演出經費全部丟失，劉志傑急火攻心，大病一場，導致雙目失明，留下終生遺憾。但戲班同行並沒有因此埋怨她，而是鼓勵她重新振作起來。從此，劉志傑更加發憤努力，決心為評劇事業做出更大貢獻。

夜主戲班是當時頗有聲譽的民間演出團體，既有固定演員，也有流動演員，尤其是流動演員個個都有拿手絕活兒。這給劉志傑提供了良好的學習環境和與當代評劇名流接觸與交往的機會。

著名評劇藝術家谷紹坡也在戲班之中，他與劉志傑在演藝生涯中相知相愛，結為秦晉之好。谷紹坡藝術造詣頗深，演藝界很多知名人士都是他的好友。劉志傑與谷紹坡一道連續多年為白玉霜、劉翠霞、艾蓮君、碧燕霞、筱桂花、筱俊婷、筱品青、六歲紅等中國著名評劇大師伴奏。他們還指導過花淑蘭、筱玉金香等評劇名伶。著名評劇表演藝術家劉小樓是劉志傑的師弟，著名表演藝術家碧燕燕是劉志傑一手教出來的學生，當代評劇表演藝術家王曼玲是她的第二代弟子。

一九四九年，劉志傑與谷紹坡被分配到新組建的長春市實驗評劇團工作，在傳統戲的基礎上，排演《小女婿》《小二黑結婚》等新評劇劇目。一九五五年，為響應國家的「大團支持小團」的號召，劉志傑與谷紹坡又調往德惠縣評

劇團。在德惠工作期間，谷紹坡積勞成疾，不幸病逝。一九六〇年，劉志傑隨同德惠評劇團來到九台，受到九台縣領導和九台評劇團領導賞識。八月一日應邀來九台講學，她在九台傳藝五十二天，排演了《劉文學》《喜榮歸》《小包公》三齣戲，使演學員在唱念上有一定的提高，當時指導過的演學員有關榮革、姜芳春、孫柏青、孫慧珠、李玉臣等。劉志傑的這次講學活動給九台的戲劇界留下了良好印象。當時，九台評劇團剛剛組建，正是用人之際。縣委副書記田維親赴德惠，商調她來九台工作。

一九六〇年十一月十五日，劉志傑正式調往九台縣評劇團做教師工作。由此，劉志傑作為九台評劇藝術的奠基人之一，為九台評劇團培養了一批又一批的專門人才，並逐步建立、健全九台評劇藝術機制，提高九台評劇的藝術質量。

劉志傑不愧為技藝精湛、藝德高尚的藝術教師。在九台劇團工作期間，她一邊教演員，一邊教學員，一邊教文武場，還傳授了《大三節烈》《保龍山》《桃花庵》《楊宗寶搬兵》等全部唱腔。她憑著一把二胡為演學員教唱、吊嗓，指導樂隊與演員合作提高伴奏水平。對待演學員，她像母親一樣，一口一口地「喂」，一字一板地教。清晨，她摸索著挨個把學員們叫醒吊嗓；白天，以戲帶訓；晚上，逐個調教板頭，矯正唱法。她把全副身心都獻給了她所熱愛的評劇事業，幾十年間，傳藝授業、教戲育人，培養了一批又一批的藝術人才，為創立和發展基層評劇藝術事業奉獻了一生的寶貴時光。

一九九六年七月十三日，劉志傑病逝於九台，終年八十一歲。

▍著名地質學家——張莘夫

張莘夫（1898 年至 1946 年），一八九八年生，城子街鎮六台村人，原名張春恩，是一位與李四光齊名的中國地質學家，礦業工程師。

張莘夫早年就讀於北京大學文學系，一九二〇年赴美國芝加哥大學學習經濟，後進入密歇根工科大學改學礦業，獲地質學博士學位。一九二九年張莘夫回國後，出任吉林省穆棱煤礦礦長兼總工程師。

「九一八」事變後，張莘夫偕妻子李湘衡流亡關內，歷任河北唐山工程學院教授、河南焦作煤礦總工程師、甘肅天水煤礦礦長兼總工程師等職。抗戰期間，張莘夫出任國家汞、錫、鎢金屬管理處處長，主持這幾種戰略性稀有金屬的生產，為抗戰做出傑出貢獻。

日本投降後，張莘夫被國民政府任命為經濟部東北行營工礦處副處長，負責東北工礦接收。當時，蘇聯占據東北，也有意接受工礦，掠奪資源，因此對張莘夫等人進行阻撓。一九四六年一月十六日，蘇軍會同當地警察赴撫順煤礦事務所向張莘夫表示撫順煤礦不能尤其接收。當晚，張莘夫等八人被迫搭乘原專列自撫順回瀋陽。專車行駛至撫順以西二十五公里的李石寨站時，一股「不明身分的武裝分子」登上列車，將張莘夫等人拖下專列殺害。張莘夫身中十八刀，當場斃命，時年四十八歲，隨行人員全部遇難。

張莘夫等人遇害激起全國民眾極大憤慨。重慶、上海、北平、南京、杭州、貴陽、台北等大中城市相繼爆發反蘇示威大遊行。迫於輿論壓力，三月十日夜，蘇軍祕密撤出瀋陽。一九四六年五月三日，蘇軍全部撤出中國東北。這就是現代史上著名的「張莘夫事件」。

一九四六年五月一日，瀋陽市政府在北陵公園為張莘夫舉行葬禮，參加葬禮的有一萬多人，中共中央發電文弔唁。

導彈專家──于本水

　　于本水（1934 年- ），一九三四年五月一日生於吉林省九台縣，中國著名宇航科學與技術專家、中國工程院院士。

　　一九六〇年，于本水於莫斯科航空學院畢業後，歷任國防部第五研究院一分院和中國航天二院研究室主任、總工程師、副總設計師、總設計師，北京航天大學和哈爾濱工業大學等校兼職教授，中國無人機學會高級顧問。

　　于本水一直從事防空導彈研製工作，先後參加和主持十種導彈的研製，為中國航天事業做出了創造性成就和重大貢獻。二十世紀六〇年代，于本水參加了中國防空導彈創業和第一代防空導彈的研製，在解決攔截高空高速目標和機動目標等技術方面做出了重要貢獻。在中國第一個第二代防空導彈研製過程中，于本水主持和參與攻破了快速反應高集成度導彈設計和攔截超低空目標等技術關鍵，使中國在該領域達到了世界先進水平。他還主持研製了中國第一個第三代航空導彈，在中國首次實現了攔截掠海飛行的導彈，在國內首先開展了防空導彈總體優化、防空導彈彈族化和反遠程空氣動力目標防空導彈的推進與彈道問題等前沿課題的研究。

　　于本水曾獲國家科技進步獎特等獎、國家科技進步獎一等獎、國防科學技術獎一等獎和部級獎，主要著、譯作有《防空導彈總體設計》和《系統工程與無人駕駛飛行器設計》等。

火控雷達奠基者——賁德

賁德（1938 年-　），一九三八年四月四日出生，九台市人，中國著名雷達專家，中國工程院院士，機載火控雷達領域的奠基者和學科帶頭人。

賁德長期從事雷達系統的研究與設計工作，二十世紀七〇年代初就作為項目的主要技術負責人承擔了中國第一部遠程相控陣雷達的研製工作，為突破相控陣體制、研製相控陣預警雷達做出了重大貢獻。

二十世紀八〇年代起，賁德又邊學習邊實踐，帶領一大批科研人員承擔起中國機載脈衝多普勒火控雷達（簡稱 PD）體制樣機的設計工作。當時，一部一百五十公斤重的小小的 PD 雷達，價值一千萬美元，是黃金價格的十倍。中國曾與美國簽訂合同購買，但是一九八九年美國單方面撕毀合同。在與軍委副主席劉華清共進午餐時，劉華清說：「電視劇《楊乃武與小白菜》中上刑場前要喝斷頭酒，今天我們也喝斷頭酒，PD 雷達搞不出來要殺頭。」賁德院士就是抱著「提著腦袋保成功」的念頭去搞 PD 研究的。他大膽提出和確定了適合中國國情的 PD 火控雷達研製途徑，並於一九八九年幫助樣機試飛成功，一舉填補了中國在該領域的空白。他所研製的雷達被譽為「爭氣雷達」。賁德也因此成為中國機載 PD 雷達的開拓者和學科帶頭人。

二〇〇四年起，賁德又開始主持一種新雷達研究課題。這種雷達，世界上有實力的國家都在搞，但是都處於研究階段。

賁德院士先後獲全國科學大會獎一次，光華基金特等獎一次，國家科技進步一等獎一次和部科技進步特等獎兩次、一等獎一次，被評為國家級有突出貢獻的專家和一九九七年南京市第二屆十大科技之星。賁德一生勤奮節儉，身為院士，他腳上穿的皮鞋竟然是兒子穿舊淘汰的，而他在一九六五年花十二元錢買的一雙「三接頭」皮鞋一直穿到了一九九〇年。他不僅仍然堅持埋頭科研，

而且對有意義的社會活動有求必應。無論是中學的學生，還是戰士，只要聽過賈德院士講演，沒有人會吝嗇掌聲和笑聲。

納米專家——劉忠范

劉忠范（1962 年- ），一九六二年十月三十日生，吉林省九台市人，中國著名化學家、納米專家。

劉忠范一九八三年畢業於吉林工學院；一九八四年至一九九三年留學日本，獲東京大學博士、分子科學研究所博士學位；一九九六年被聘任為日本東北大學客座教授；歷任北京大學「納米科技崗位」長江特聘教授、國家科技部九七三項目首席科學家、國家納米技術產業化基地副主任、北京大學納米科技中心副主任等職；同時兼任中國材料學會常務理事、中國微米納米學會常務理事、中國化學會副秘書長、電化學專業委員會和有序膜專業委員會副主任、《化學通報》副主編以及七家國際期刊編委，第六十屆國際電化學大會主席、第十屆國際分子組裝大會主席等。

劉忠范主要從事納米化學與納米器件研究，在自組裝、SPM 信息存儲、納米結構加工以及納米物性研究等領域發表學術論文二百八十餘篇，在國內外學術會議上做特邀報告近五十次，曾主辦中日雙邊光電智能材料與分子電子學研討會、第二屆亞洲有序膜會議等。

劉忠范一九九二年獲日中科技交流協會研究獎，一九九三年首批入選國家教委跨世紀優秀人才計劃，一九九四年獲國家傑出青年科學基金首批資助，一九九六年入選國家人事部「百千萬人才工程」，一九九七年獲香港求是科技基金會傑出青年學者獎和北京大學大眾電腦獎教金，一九九九年首批受聘為「長江學者獎勵計劃」特聘教授，二〇〇五年獲中國分析測試協會科學技術獎一等獎，享受政府特殊津貼。

國家級非遺傳承人 —— 關雲德

　　關雲德（1948 年- ），滿族鑲紅旗後裔，一九四八年生，其塔木鎮劉家滿族村腰哈什瑪屯人，著名剪紙藝術家，中國民間文藝家協會會員、吉林省民俗學會會員、吉林省長白山文化研究會理事、吉林省滿族文化研究會理事，全國非物質文化遺產傳承人，文化部命名的「中國民間藝術家」。

　　關雲德的父親是專門帶領族人從事祭祀活動的族長。關雲德從小就和父親一塊管理祭器。滿族的祭祀活動其實是民間文化的一種藝術大集成。祭器、祭具上的「貼花」、祖匣、祖譜、鼓邊幫上的貼紋、祭祀服、神帽、腰鈴、腰帶上的各種裝飾圖案，都是用剪刀剪出的各種樣式生動可愛的剪紙圖案。

　　族裡的祭祀活動要用大量的「貼花」，關雲德的母親和二姨手很巧，打小就練就了一手好剪紙。誰家有「紙活」就請他母親和二姨去。受家庭薰陶，關雲德幼年起就喜歡畫畫剪剪，他對剪紙從興趣到愛好，沒事的時候他就反覆琢

▲ 關雲德作客央視《藝術人生》欄目

磨習練。於是各種剪紙、掛簽等技藝就悄悄學會了。從十幾歲開始，關雲德就開始獨立地承擔起族人家祭和野祭中所有剪紙和貼活的全部剪紙用量工作。多年的藝術實踐，使這位關東漢子的剪紙手藝日臻精到。

就剪紙而言，各家族在久遠的家祭和野祭活動中，其實已經形成各種風格和流派。明剪、暗剪、折剪、疊剪、翻剪、重影、手撕、拼貼等技藝都已普遍使用。瓜爾佳氏族的剪紙在當地族人中有著很大的影響，其代表者就是關雲德的母親和二姨。關雲德努力研究學習母親和許多剪紙藝術家千百年來傳承下來的珍貴手藝。他特別關注本民族生活中的各種民俗事項，從中汲取剪紙造型營養，如婚喪嫁娶、佳節祭祀等活動，他都可以用剪紙表現出來。

關雲德的剪紙在藝術上運用了對立統一的手法，塊與線組成了黑白灰色調，相互襯托對比強烈，富有韻律感。線條挺拔，有金石味，所剪事物粗獷中透出清秀，樸拙中藏精巧，玲瓏剔透，純樸可愛，令人愛不釋手。尤其是近期創作的滿族「圖騰」系列剪紙，構思浪漫而不浮誇，造型嚴謹而不拘泥。他巧妙運用陰剪和陽剪的手法，使鋸齒紋和光滑面有定規而不拘束，形成了粗獷而精巧，簡約而不單調，質樸而靈秀，生動又傳神的藝術風格，其造型獨特、個性鮮明，有別於當地其他剪紙藝人。因其精湛剪技，他被人們譽為「關東神剪」。

五十多年過去了，一把花剪，剪出了關雲德對生命的感悟，對人生的美好追求。他在剪紙藝術的研究和理論探索方面也下了不小的功夫，《我為什麼要剪刻百鷹圖》《剪紙進入旅遊大市場》《薩滿文化中的滿族剪紙》等三篇論文分別獲獎。他參與編著的《長春剪紙藝術之風》，《滿族跳家神》，《滿族關氏剪紙》，已成為研究滿族文化與剪紙藝術的理論佳作。

二〇〇七年五月，關雲德被評選為中國民間文化傑出傳承人，並在人民大會堂獲得了證書和獎盃。二〇〇八年，他應邀參加了北京第二十九屆奧運會組委會在奧林匹克公園舉辦的「祥雲小屋」文化奧運展，他的剪紙藝術透出東北地域獨特而濃郁的民俗風情，把一種古樸和濃烈的地域文化信息傳遞至今，讓

人愛不釋手。

在中央電視台《藝術人生》欄目，錄製中國民間文化傑出傳承人節目直播現場，朱軍拿出一張紙遞給關雲德，「隨便弄一個給大家看看」，關雲德說：「剪子呢？」朱軍「嚴肅」地說：「用剪子還讓你幹啥？」台下是一片笑聲。說時遲，那時快，他雙手開撕了，轉眼間，一個滿族民間古老的女神「嬤嬤人」已出現在他手上，台下人服氣了，爆發出一片熱烈的掌聲。

滿族文化源遠流長，滿族人喜歡用各種彩紙剪成鳥獸花卉，古今人物，貼在窗戶上，栩栩如生充滿活力。滿族剪紙既是滿族文化的一種，也是滿族文化相融共生的民間傳統藝術。無論是藝術價值，學術價值，民俗價值，文化價值都是彌足珍貴的。關雲德這位來自於古老長白山，來自於黑土地的農民藝術家，當他向世界展示他的藝術作品時，我們才能領悟到千百年來，長白山黑土地文化以它獨特的內涵影響著當下文化史。

古老的滿族民間剪紙技藝被他繼承和傳承下來，並得到了新的發展。關雲德的剪紙作品題材廣泛，他創作了一批既有純真童年的悠悠追憶，又有現實生活的淋漓展現，深受專家的青睞和人們的喜愛。

二十世紀七〇年代，他的農民畫《豐收的糧食打不完》被選送進京參展；一九七五年，他代表長春地區參加全國美展的作品；一九九五年，他將自己的滿族風情剪紙贈送給考察薩滿文化的九名外國學者，吉林電視台和

▲ 關雲德滿族剪紙《關東三大怪之養活孩子吊起來》

相關報紙都以「中國農民了不起！」為題進行報導；一九九七年三月，他的剪紙作品榮獲「長春市首屆農民美術、書法作品巡展」紀念獎；一九九八年九月，他的剪紙作品《滿族剪紙》榮獲「《紅樓夢》全國書畫藝術作品展覽」一等獎；一九九九年，他為吉林省外事部門剪製數百張反映吉林民俗風情的剪紙作品，作為省禮餽贈外國友人；二〇〇〇年，其剪紙作品《鵬程萬里》榮獲「第四屆中國黑龍江剪紙藝術節」跨世紀全國剪紙展覽銀獎；二〇〇七年，被確認為吉林省首批非物質文化遺產（滿族剪紙）代表性傳承人；同年，做客央視《藝術人生》欄目；二〇〇八年，他代表吉林省非遺項目參加北京奧運會運行團隊；二〇〇九年，參加全國非物質文化遺產展演活動，並榮獲國家級德藝雙馨山花獎；二〇一〇年，他代表吉林省參加上海世博會展演；同年，他還奪得長春首屆工藝美術作品展金獎；二〇一二年十二月，他憑藉歷時三年創作的薩滿神話剪紙長卷《天宮大戰》，捧得了中國民間工藝最高獎項——第十一屆中國民間文藝山花獎。

除了剪紙技藝出神入化，關雲德還是中國唯一的薩滿神鼓製作傳承人。關雲德製作薩滿神鼓的手藝是祖傳的，到他這裡，已經是第十三代。家族裡最古老的鼓已經有三百多年的歷史。「鼓聲代表雲雷，敲鼓就是為了讓神能聽到。」在薩滿眼中「鼓是連接人與神的紐帶」，是十分重要的祭祀用具。滿族人祖祖輩輩流傳這樣一句順口溜：「要做鼓得上老白山，砍回藤子好做圈，錛子砍，鉋子圓，一個抓環八根弦，還有八個大銅錢。」說的就是製作神鼓的精髓所在。

關雲德從十幾歲起就和父親一起製作薩滿神鼓。因為勤奮聰明，如今傳統的薩滿神鼓在他的手中，不僅古風依舊，還有了新的形式。關雲德說，其實傳統的神鼓是不繪製圖案的。他正在考慮，讓傳統的薩滿神鼓從神祕中走出，希望能將自己的剪紙藝術運用到神鼓圖案的創新製作上，準備在神鼓上繪製各種滿族傳統的圖案和花紋，並將它開發成旅遊紀念品。

關雲德一直博覽群書，進行廣泛的學術研究，在滿族文化研究領域可稱為

名副其實的學者。他還是位滿族傳統文化的保護者。二〇一〇年三月，在各級政府和相關部門的支持下，「關雲德滿族民俗博物館」破土動工，如今已正式對外開放。博物館占地面積達一萬平方米，主展館建築面積有兩千多平方米，陳列著從遼金時期至今以來的東北地區民俗用品、農耕文化的漁獵工具、民間樂器，薩滿文化的祭祀用品和民間刺繡等，藏品五花八門，數以千計。自二十世紀七〇年代，關雲德就把自己製作出售刺繡、剪紙、腰鈴等手工藝品所掙得的錢作為資金，四處收集這些老物件，一直堅持收集了四十多年。

關雲德滿族民俗博物館也是我省第一家農民收藏博物館。中央電視台、吉林電視台及各大網站對此都予以專題報導。

▌「東方剪紙王」—— 王挺起

王挺起（1950 年- ），一九五〇年出生於九台六台鄉條子溝屯，中國美術家協會會員、中國剪紙藝術家協會會員，一九九七年，被文化部命名為「中國民間藝術家」。

王挺起是一位自學成才的民間藝術家，被譽為「東方剪紙王」。他自幼酷愛書畫，一九六九年參軍，入伍八年期間，苦心鑽研書畫，擅長梅、蘭、竹、菊，兼畫花鳥、山水、人物、玻璃畫、燙畫、刮畫。曾受到艾慶云、薛林興、徐湛、王潔、田英章、田蘊章、周聖尊、沈鵬、啟功等名家的關懷和指導。幾十年來，王挺

▲ 王挺起與丹麥女王合影

起的剪紙形成了獨特的藝術風格。他的剪紙採用微刻、連接、遮擋、掩蓋、拼湊等技法，刻出的作品工筆細膩，圓如鋼珠，彎如月牙，最小的圓孔比郵票邊緣圓孔還要小，圓孔連接距離在幾微米之間。

王挺起在剪紙領域取得了令人矚目的成就，其剪紙作品多次參加國際國內書畫展覽，在國內外多種報刊上發表，受到國內外專家學者們的高度讚譽。

一九九二年，「首屆中國長春電影節」展出他的剪紙作品《長白虎嘯圖》《五十六個民族五十六朵花》《仕女圖》受到廣泛讚譽。

一九九三年，在「東北三省民間美術展」上，他的剪紙作品《長白虎嘯姿百態》獲剪紙組特等獎。

一九九四年，聯合國第四次婦女代表大會舉辦「中國農村巾幗書畫展」，

他的剪紙作品《百幅菊花圖》獲特別獎，被世界婦女代表大會收藏，作為禮品贈給國外婦女代表。

一九九五年，為紀念聯合國教科文組織成立一百週年舉辦的世界和平友好書畫大賽，他的剪紙作品《百幅菊花圖》獲優秀獎，被聯合國教科文組織收藏。

一九九六年，在國家人事部人才科研所舉辦的「第二次書畫高級研修班」開學典禮書畫展評會上，他的剪紙作品《長城魂》《長白虎嘯圖》分別獲菁英獎、藝術獎，《百幅菊花圖》被專家教授評委譽為「中國一絕」。

▲ 王挺起剪紙《彈琴舞獅》

一九九七年，王挺起用三個月零十八天的時間，在香港回歸之前創作完成剪紙巨作《菊花魂剪紙二百幅》，贈給香港特區作為紀念。同時，這幅作品參加了香港回歸祖國紀念活動舉辦的《全國十六省市書畫巡展》。

一九九七年七月一日，國際文化交流博覽會在日本境港市舉行，王挺起為遊客表演剪紙一百三十場。日本天皇收藏了他的剪紙作品《五十六個民族是一家人》，此作品獲得博覽會上唯一的一塊金牌。

二〇〇〇年四月，王挺起應邀參加哥本哈根市趣沃裡國際文化交流博覽會，現場為遊人表演剪紙一百多場，丹麥女王瑪格麗特二世收藏了他的剪紙作品。

▌旅美畫家——牛連和

　　牛連和（1950 年-　　），一九五〇年生，著名畫家、設計師，美國東方藝術中心藝術總監、美國國際中國美術家協會秘書長、美國中華團體工商聯合會名譽會長、中國裝飾集團設計研究院院長、吉林省長白山油畫院院長，吉林大學美術學院客座教授，九台市八台嶺民俗風情園董事長。

　　一九五〇年，牛連和出生在東北農村，自幼喜愛畫畫。一九七三年，他在汽車廠當工人時有幸與袁運生相識，從此走上專業的繪畫之路。袁先生在藝術上不厭其煩地指導，點燃了牛連和的藝術生命之火。

　　一九七五年，牛連和考入中央工藝美院，除了接受正規的基礎課訓練外，袁運生還把他介紹給在中央工藝美院任教的兄長袁運甫。在中國美術史上，兄弟兩位大師共同教授一名學生的現象十分罕見。

　　為了進一步開闊視野，提高自己的繪畫水平，牛連和遠赴美國學習。在美國，他不但順利完成了碩士學業，還同袁運生一起，利用繪畫宣揚中國的藝術精神。

　　一九九二年，牛連和出任在美國的中國美術家協會秘書長，為讓西方世界瞭解中國當代藝術做出了不懈努力。在此期間，牛連和個人油畫展曾在美國紐約銀行畫廊舉辦，同時也參加了許多華人藝術家在美國舉辦的中國油畫藝術展覽；他的彩墨畫也曾在美國的薩凡畫廊、假日酒店、東方藝術中心等展出，並在美國引起轟動。

　　回國後，牛連和始終致力於將東西方藝術的精華融合在一起，摸索出一條新的繪畫之路。為此，他多次深入沙漠無人區，觀察那裡的胡楊林；十幾次進入長白山深處，體會大自然的神奇與瑰麗。經過不懈的努力和探索，牛連和終於奠定了自己在中國，乃至世界繪畫界的地位。

　　牛連和的油畫多以風景為主，畫法嚴謹細膩，色彩豐富飽滿，許多作品從

▲ 牛連和油畫作品《大將軍》

題材上看，都是畫家與大自然的對話。在他的油畫語言中，更多的是呼喚「天人合一」的自然與和諧，由於畫幅的巨大，讓每位欣賞者常覺一種震撼人心的力量在左右自己的審美。在牛連和油畫的創作理念中，以油畫家視覺、視角的不同，以區別於傳統歐洲油畫的語意。這樣，我們可以從牛連和的一系列油畫風景中，捕捉到來自中國藝術的語言信息。如他經常表現的新疆與內蒙古的胡楊樹，東北的野花笤帚梅這些不令人關注的形象。在顏色的運用上，牛連和多強調固有色的運用，強化植物的原生形態。在光線上強調光影，在造型上突出物象的肌理效果，在理念上始終把明朗、真實，還原大自然的本色。因此，他的油畫色彩明麗，形象真實，視覺形象讓人猶如身臨其境一般。在牛連和風景油畫中，最震撼人心的應該是他對各種碩大奇譎的胡楊樹的塑造。整體的粗獷、局部細節的細膩，使他筆下的胡楊樹形象蒼勁挺拔，具有強烈的藝術感染力。

牛連和的彩墨人物畫，以記憶的形象復現於他的繪畫視野之中，方正的構圖，爽利的線描，濃麗的色彩，把工藝裝飾和傳統民間壁畫的濃重色彩有機地結合起來運用，從變形的人物到精緻的服裝頭飾，或花，或草，或樹，以及傳統的家具和各類動物的組合，強調人與自然的和諧，服飾與色彩的統一，尤以表現手型的千姿百態，以增加形象抽象後的興趣，在用色上尊重自然。

牛連和把東方繪畫藝術的理念和西方繪畫藝術的元素較為成功地融匯在一起，表達出自己的審美理念，表現出自己心中美好的物象載體，可謂大匠運斤之工與世濟其美之意並存。劉海粟、袁運甫、袁運生、丁紹光等藝術大師都對牛連和的畫大為讚賞。

此外，牛連和還主持過北京民族文化宮、北京京西賓館的裝飾設計，以及青島世界園藝博覽會的景觀藝術設計。

經歷了近三十年的打拚和人生磨礪，牛連和的心與繪畫永遠是形影不離的一對載體。無論他在事業上、財富上取得的成績和積累有多大，他所念念不忘的仍然是對繪畫藝術的痴情不泯。他經歷了東西方藝術最激烈的碰撞的時代，

體悟東方藝術的神韻和西方藝術的精髓，然後融入自己的繪畫語言中，無論是極其寫實的油畫，還是充滿中國風情的彩墨畫，都彰顯出畫家對美的理解，張揚出畫家強烈的藝術個性。

▌「小庚」的扮演者──李玉峰

　　李玉峰（1956年-　），出生於吉林省九台縣一個普通的工人家庭，總政話劇團演員，憑藉在電視劇《籬笆女人和狗》中扮演「小庚哥」一角為廣大觀眾所熟知。

　　李玉峰自幼父母多病，兄弟姐妹五人，家境貧寒。他的童年是在撿煤核、打豬食、拾破爛中度過的。他打小是穿著姐姐染黑了的舊衣服上完小學的，沒穿過一件新衣服。為了省下理髮的兩角錢，他乾脆剃了光頭。儘管生活貧困，但李玉峰天性樂觀，對戲劇、音樂有著濃厚的興趣。在九台一中上學期間，他就是文藝隊骨幹，喜歡唱歌，還喜歡演唱京劇《智取威虎山》中李永奇的新段。

　　一九七四年，長春話劇院到九台一中招生。當時學校放假，李玉峰跑到長

▲ 李玉峰在《軍歌嘹亮》中飾演陳剛（左三）

春幹鐵路臨時工貼補家用。聽到消息後，他趕回家當夜突擊背了一段「雷鋒之歌」。沒想到，第二天在考場上，他唸著唸著不知怎麼的就流下了眼淚，考官和在場的學生都被感動了。在長春話劇院，他從跑龍套到上角色，都力求演得像。在演技上，中央戲劇學院畢業的孫修蘭老師給予了他極大的幫助。一九七八年中央戲劇學院招生，李玉峰扒上一列貨車奔到哈爾濱考場。他穿著母親辛苦攢錢為他做的唯一一套中山裝，含淚念了那段「雷鋒之歌」，又打動了考官。

在中國戲劇界的最高學府裡，他開始懂得戲劇的寬廣深厚，開始明白演員要達到的那個「格」。那不是一個簡單的「像」就能完成的。他的表演更嚮往生活與自然貼近，已不同於當年的純本色。從那時起，他開始上影視，一九八〇年第一部電視劇《老兵》剛殺青，他就在《他們並不陌生》裡飾演男主角，與倪萍演對手戲。一九八二年畢業後，李玉峰進入長春電影製片廠工作，一九八四年又調入總政話劇團，在電影《生活從這裡開始》《草地》，電視劇《無名墓下的尋覓》《少奇同志在東北》《不散的軍魂》裡飾演男主角，在話劇《決戰淮海》《中國‧1949》《朱德軍長》中扮演角色。一九八五年，李玉峰在尤小剛執導的電視劇《麥客父子》中飾演男主角，播出後反響熱烈，農村戲接二連三找上門來。到《轆轤‧女人和井》《古船‧女人和網》兩劇播完，「農民小生」的桂冠便戴在李玉峰頭上。無論專家學者，還是平民百姓，對他的表演都給予了很高的評價。目前為止，李玉峰已參演四十多部影視作品，多部作品獲「飛天獎」。

李玉峰為人正直、忠厚、重情義，對父母尤其孝順。父母在世時，他無論拍戲多忙，逢年過節必定回到家鄉九台，陪在父母身邊。如今，父母過世了，他也一有閒暇就回來看望兄弟姐妹。無論拍什麼戲，李玉峰都不講價錢待遇，他認為那是對藝術的褻瀆。在西藏拍《草地》，他穿著草鞋踏進冰碴子中，眼都不眨一下。導演師偉心疼地感慨：「這種演員實在難得。」無論在哪個劇組，李玉峰都是公認的正大光明的人。扮演棗花的吳玉華這樣評價李玉峰：「他演小庚，人可不是小庚。」

著名電影作曲家——雷蕾

雷蕾（1952 年-　），著名電影作曲家雷振邦之女，滿族，中國著名的電影作曲家。

雷蕾一九五二年十月生於長春市。先後任北京電視藝術中心二級作曲、中國音樂家協會會員，中國社會音樂研究會副會長，中國音樂著作權協會常務理事，中國輕音樂學會常務理事，中國電影音樂學會理事，全國政協常委、民盟中央常委。

雷蕾自幼受父親——著名電影作曲家雷振邦的藝術薰陶，對音樂顯示出極大興趣。一九六八年，作為知識青年，雷蕾到九台縣翻身鄉翻身村七隊插隊落戶。插隊期間，無論多髒多累的活她從來不叫一聲苦，因為刨玉米茬子手被磨出血更是家常便飯。有一次，她的手因為大面積脫皮不得不去醫院手術，整個過程中她一聲都沒吭。那時她不僅是幹活能手，還是文藝活動的骨幹分子，勞動之餘，經常為社員唱《紅燈記》，演奏大提琴。現在，翻身村的老人還能清晰地說出雷蕾當年的模樣。雷蕾在九台生活近十年。家庭的薰陶、個人艱難生活和心路歷程的磨礪，對雷蕾來說是一筆豐厚的財富。一部又一部優秀作品的誕生，正是她對自己曾經的逆境生活的一種感悟。

一九七七年，全國恢復高考制度後，她考入瀋陽音樂學院作曲系學習。四年後以優異的成績完成了學業，分配到長春電影製片廠音樂創作組工作。

在音樂藝術領域，雷蕾屬於大器晚成者，但她終於靠自己對藝術鍥而不捨的執著追求得以在中國樂壇和影壇崛起。一九八四年，北京電視藝術中心的導演林汝為請雷振邦為電視劇《四世同堂》譜曲，雷蕾因父親力薦而得到一次代父從征的機緣，孰料名不見經傳的年輕電影音樂工作者竟因此劇一炮打響，揚名藝壇。她的處女作——電視連續劇《四世同堂》的主題曲《重整河山待後生》在二十世紀八〇年代引領了一股流行音樂的潮流，一時間震驚了電視機前

的千家萬戶。

從此，雷蕾的影視音樂創作，片約不斷。近二十年來，她先後為《五個半月廠長》《情血恩仇》《四世同堂》《便衣警察》《渴望》《編輯部的故事》《上海一家人》《天音》《熱戀》《國家公訴》《李衛當官 2》等百餘部電視連續劇創作了主題音樂和擔任全劇的作曲工作。

其中，最令人耳熟能詳的有《便衣警察》《渴望》《四世同堂》《編輯部的故事》《上海一家人》等。二〇〇八年讓她獲得「改革開放三十年三十首歌曲」的榮譽勛章的作品《少年壯志不言愁》更是當年家喻戶曉的名作。她為電視連續劇《便衣警察》難產的這部作品以及和丈夫共同完成的《渴望》主題曲《好人一生平安》造就了劉歡、毛阿敏等一批著名歌手。

此外，雷蕾還出版四種個人專輯，先後獲二十多項音樂大獎，兩次入選

▲ 雷蕾與父親雷振邦

《中國人物年鑑》，一九九四年被國務院授予「全國民族團結進步模範」稱號，一九九五年參加了第四屆世界婦女大會「NGO」論壇，一九九六年被評為中國「十大作曲家」之一，二○○○年被中國文聯授予「德藝雙馨中青年藝術家」稱號。

著名作曲家趙季平稱雷蕾是「非常難得的一位作曲家」。

▍著名畫家——蘇曉民

　　蘇曉民（1953年-　），別名嘯民，1953年生於吉林省九台市，滿族。中國美術家協會會員、中國油畫協會會員、中國少數民族促進會理事、一級美術師。

　　蘇曉民1982年1月畢業於東北師範大學藝術系油畫專業；1986年至1996年在吉林省美術家協會工作；1996年至2004年，任吉林省畫院專業畫家；2004年3月調入東北師範大學美術學院任教；2000年參展作品啟用筆名眠生子；2012年，蘇曉民成為昭泰文化簽約藝術家，同時加入中華藝術家雲版權聯盟。

　　蘇曉民入選全國美展和獲獎的作品有：1980年，油畫作品《晨》入選第二屆全國青年美展；1989年，油畫作品《林區日記》入選第七屆全國美術作品展覽；1994年，油畫作品《山間鈴聲》入選中國美協主辦的第二屆中國油畫展；1995年，油畫作品《種子陽光》入選由中國油畫學會主辦的首屆中國油畫展；2001年，油畫作品《遠方》入選慶祝建黨八十週年全國美術作品展覽；2002年，油畫作品《暮色中的秋天》入選紀念毛澤東在延安文藝座談會上的講話發表六十週年全國美術作品展覽；2003年，油畫作品《無雪的冬天》入選中國第三屆油畫展；2003年，

▲ 蘇曉民繪畫作品《種子》

油畫作品《欲》入選第二屆全國畫院雙年展。

　　1992年油畫作品《鐵鏽人心大海》獲得《紀念毛澤東同志在延安文藝座談會上的講話》發表五十週年全國美術作品展覽銅牌獎；2004年油畫作品《沐浴》獲第十屆全國美術作品展覽銀獎；1992年油畫作品《鐵鏽人心大海》獲吉林省美術作品展覽一等獎，1994年該幅作品獲第四屆吉林省政府長白山文藝獎優秀獎；1994年油畫作品《重陽》獲吉林省美術作品展覽一等獎；2000年油畫作品《走進仲秋》獲吉林省美術作品展覽一等獎；2001年油畫作品《遠方》獲紀念建黨八十週年吉林省美術作品展覽一等獎；2004年油畫作品《沐浴》獲吉林省美術作品展覽一等獎，2008年該作品獲第九屆吉林省政府長白山文藝獎作品獎。

▲ 蘇曉民作品《走進仲秋》

中國百年水彩畫名家——李振鏞

　　李振鏞（1944 年-　），九台人。畢業於吉林藝術學院和魯迅美術學院。中國美術家協會會員，中國水彩畫家協會會員。曾任吉林美術家協會水彩藝委會副主任及東北水彩畫聯展評委，現為吉林藝術學院教授，水彩畫碩士生導師。

　　李振鏞的水彩畫、招貼畫曾先後十六次入選中國美術家協會舉辦的全國大型美展。其中乾花、雪景系列被中國美術館及國內外美術館及私人收藏。水彩作品多次入選亞洲水彩聯盟展。二〇〇〇年至二〇〇二年先後赴歐洲十國進行藝術考察和交流。水

▲ 李振鏞繪畫作品《向日葵-625微毫米》

彩作品及藝術簡歷先後輯入《中國水彩畫圖史》和《中國水彩畫史》辭書中。其本人也名列中國百年水彩畫名家。

著名畫家——谷鋼

　　谷鋼（1942 年- ），生於九台葦子溝鎮，一九五八年參加工作，一九七八年考入中央美術學院油畫系研究生班，一九八〇年畢業，現為中國美術家協會會員、遼寧師範大學美術學院教授、碩士研究生導師、國務院特殊津貼獲得者。曾先後擔任吉林藝術學院、遼寧師範大學美術系主任。

　　一九九八年參加第五次全國文代會，一九九五年應邀赴日本講學並舉辦個展，一九九九年赴俄羅斯參觀訪問，從二十世紀六〇年代開始，創作的作品曾先後參加第四屆、第六屆、第九屆、第十屆全國美展、全國紀念建軍、建黨美展，首屆中國油畫展，中國油畫肖像藝術百年展，全國水彩畫，全國粉彩畫等展覽。

　　所獲的主要獎項有：全國宣傳畫展二等獎、和平與正義國際美展銅獎、全國寫生畫展佳作獎、首屆全國水彩人物畫展銀獎、首屆全國粉畫展銀獎、首屆全國小幅水彩畫展銀獎、美國第三十一屆國際粉彩畫展一等獎、第二屆中國美術金彩獎作品展銅獎、第十屆全國美展銅獎。

　　二〇〇八年受國家文化部委託，創作中國百大歷史題材之《大慶人》。

　　著有《油畫人物寫生》《谷鋼油畫風景寫生》《谷鋼油畫人物寫生》《谷鋼油畫〈大慶人〉》《谷鋼油畫寫生》。

▲ 谷鋼繪畫作品《絲竹調》

第四章

———

文化景址

「近山者仁，樂水者智」。身處自然的山河之中，必定能夠感受到風的輕柔，鳥的愉悅，花的驕傲。而處於歷史的山河之中呢？那將是宇宙的浩瀚，生命的永恆。

九台，上蒼眷顧的地方。這裡不但有山的仁慈，水的智慧，更有歷史積澱的厚重與思考。當人們站在巍然矗立的八台嶺上，或者流連於波光瀲灩的飲馬河畔時，九台大地和九台先民的榮耀，便會展現出一幅動人的長卷。

歷史遺跡

　　新中國成立以來，省、市文化及文物主管部門先後在九台開展考古調查。特別是經過一九六〇年、一九八一年和一九八四年三次比較全面的文物普查，九台境內古代文化發展基本序列日趨明顯，九台源遠流長的歷史脈絡愈來愈清晰地呈現在人們面前。

　　迄今為止，九台境內發現古代遺存二百七十餘處。其中古生物化石出土地二十處，皆在松花江、沐石河、飲馬河沿岸的黃褐色亞黏土層與灰黃色沙礫層之間，含有真猛獁象、披毛犀和東北野牛等哺乳動物化石。大量古生物化石的出土，展示了九台當時的草原環境，為探討第四紀的動植物和氣候特點，提供了可靠的科學資料。新石器時代、青銅時代遺址共發現三十九處，從分布上看多數在松花江、飲馬河及沐石河流域的第一台地上。出土的器物中石器有：石斧、石鏟、亞腰石鋤、石刀、石鏟、石鏃等。陶器有：夾砂陶鬲足、鼎足、豆柄、豆盤、器耳及紅褐色、褐色、黑色素面陶片、紋飾陶片。

　　特別是在飲馬河西岸偏臉城遺址內發現有大量的夾砂陶片，飾有壓印連點紋，壓印弧線形連點紋、直線形劃紋，幾何形劃紋。這些陶片均夾細砂，並羼有蚌殼粉，手製，多數器表經過打磨，顏色主要有紅褐色和黑色。由於燒製時火候控制得不均勻，往往同一塊陶片上呈現紅褐、黑褐、黃褐等多種顏色，有些陶胎內還帶有黑色夾層。

　　在青銅時代遺址中發現石器較多，尤以石斧見著。石斧多為磨製，刃較鋒利，石質一般為青色燧石，器形較規則，同時並存打製石斧和打製石核，混雜於磨製石器之中，數量較少。陶器多夾細砂，素面、手製，火候較低。器形有鬲、鼎、豆、罐等，數量較大，與吉林市郊西團山出土的陶器類同。但青銅時代遺址內至今還沒有發現銅器，再一次證明了可以重新冶煉的銅在當時是非常珍貴的原料，是不容輕易棄擲的。

青銅時代墓葬發現五處，其中月明樓、二道咀子兩處古墓群範圍宏大，約十四萬平方米。二道咀子屯群眾在農田基本建設時，有六座石棺被掘開，均為東南、西北方向，呈「一」字形並列，間距一點五米，地表封土四十釐米，四壁均為多層石板立砌，呈長方形。其中一座墓長一百三十四釐米，寬六十四釐米，深五十釐米。兩側石棺為墓主人，其中四個石棺為豬、狗、牛、羊隨葬品，在右側的墓主石棺內隨葬有半月形骨器兩件，並見有少量的紅褐色夾砂陶片。因未經科學發掘，對其文化面貌、準確年代、族屬及墓群的相互關係尚難以做出明確的結論。

在王家屯青銅時代遺址中，發現一片灰色漢陶，同時徵集到長柄鶴形銅勺，五銖、貨泉、大泉五十等銅錢，體現了漢文化在這一帶的分布。

九台境內遼金遺存遍及各鄉，共發現有一百七十處。其中古城址三十五處，都分布在第二松花江、沐石河、飲馬河、霧開河流域。僅第二松花江西岸就達二十四處之多。這些古城址形制不一，按地理形勢異同大體可分為山城及平原城兩類。十三處山城沿第二松花江西岸的第一台地的山頂上修築，地勢險要，多占水陸交通要沖，視野開闊，易守難攻。特別在以上河灣鎮為中心一帶，山城址尤為密集。山城分布多呈三足鼎立之勢，遙相呼應。規模較小，周長多在一百至二百米左右，城牆多為土築或土石混築，有方形、長方形、圓形、橢圓形。城內有不規則的坑跡。據有關史料與歷史圖籍考，西元七一三年之後，這裡曾是渤海國七部之一的粟末部居地。嗣後，松花江以西為熟女真、松花江以東為生女真，屬遼而不稱籍，屢與契丹相攻，契丹於松花江西岸沿江築堡守。本縣曾是熟女真居地，境內的山城原當屬粟

▲ 出土的石器

末族所興建，遼滅渤海國後，契丹族沿用。這些較小的山城係軍事城堡，主要起著警戒作用，可防禦敵人的突然侵擾。

平原城皆是遼金城址，有的城垣上角樓、馬面、甕城及護城河等設置俱全，有的則設置不全，還有的只有城垣。形制可分為方形和長方形兩種，周長均在一千米以上，其中和氣古城為最大，周長一千七百一十四米。這些城池有些始建於遼，金代沿用，有些在金代曾經擴建。還有的城池是金代增建的。在布局上，多置於水路交通要道。

明清時代的文化遺存在本縣境內屢見不鮮，其中分布較廣數量居多的是寺廟建築，但現存寥寥，大多數已被拆除、毀壞。始建於清初的蜂蜜清真寺、寶山清真寺，現已修繕一新，其寺院宏偉壯觀，不減當年。清朝統治者為保護「發祥」重地所設置的柳條邊（新邊），從東北入境縱穿腹地，自西南出境，縣境內部分全長二百六十二華里，設邊台九處。雖經多年風剝雨侵及戰亂的破壞，柳樹已被砍伐殆盡，各邊台也已形成人口集居的村落，然而，昔日的邊壕邊牆尚清晰可辨，大體可窺見當年柳邊的概貌。如今沿邊所見，新村林立，沃野泛綠，當年「封禁」時的蕭條凄涼已蕩然無存，呈現出一片生機勃勃的繁榮景象。

▲ 雙繫鼓腹敞口夾砂素面陶罐

近代以來，有著反帝反封建光榮傳統的九台人民，為反抗帝國主義的侵略和掠奪進行過堅苦卓絕的鬥爭。一九○○年，沙俄出兵侵占東北時，葦子溝鄉頭道嘴子村人民為了保護自己的生命財產，自發地修築了周長為兩千三百五十米，由八面城牆所組成的防禦城堡，並鑄造土炮、鍛造扎槍，以抗禦侵略者的屠殺與掠奪。如今，這座巍然屹立的八面城，象徵著中華民族的尊嚴，體現了九台人民反侵略的愛國主義精神和堅強不屈的

民族氣節。一九八四年四月十八日，八面城被列為長春市重點文物保護單位。

　　一九三一年日本帝圖主義悍然發動「九一八」事變，出兵侵占東北，激起了廣大人民群眾的無比憤慨，在全國掀起了驅逐日本帝國主義的運動。在收復國土的愛國熱潮影響下，放牛溝鄉孔家店人民自發組織大刀會，跟敵人進行了針鋒相對的鬥爭。營城煤礦工人組織起來的抗日武裝隊伍，在羅明星的帶領下，以九台為根據地，活動在吉長地區，跟日本侵略者進行了不屈的鬥爭。一九三二年九月，這支武裝曾攻克九台鎮，搗毀偽縣府，重挫日寇的侵略，留下了許多遺跡、遺物及動人傳說。

　　解放戰爭時期，我軍「三下江南」的重要戰役是在縣內的其塔木、張麻子溝、焦家嶺、城子街等地進行的。英雄的九台人民配合解放軍浴血奮戰，為加速解放東北立下了不可磨滅的卓越功績，在解放戰爭的歷史上寫下了光輝的篇章。為緬懷和紀念在戰爭中犧牲的先烈，慰藉英靈，激勵後人，域內建有烈士紀念塔、紀念碑、陵園、墓地五處。它鼓舞著人們前仆後繼，為開拓祖國的北疆，建設家鄉美好的未來，朝著實現「中國夢」的偉大目標而努力奮進。

王家屯遺址

　　遺址位於盧家鄉河南村王家屯北側一條東西走向的嶺崗上。有兩條小河分別沿遺址東、南兩側流過。遺址西面和北面是起伏丘陵地帶，南距李家屯遼金時代遺址一華里。

　　在東西二百米，南北一百米的範圍內，有豐富的不同時代的遺物並存，其中有一塊漢陶，是九台境內迄今發現的唯一一塊漢代陶器殘片。這塊陶片為灰色細泥質，器錶帶有篦齒紋，它為研究當時九台境內居民與中原的關係填補了空白。

　　遺址內青銅時代遺物較多，採集的標本有豆柄、鬲襠、鬲足、鼎足、器耳、殘器底等三十餘件。在遺址西北部，遺物分布尤為密集，均為夾砂粗陶手製，陶土未經淘洗，質地粗糙，大部分器表經過打磨。遺物顏色不一，有紅

褐、黃褐、黑褐色等。其中紅褐色的器物殘體與其他相比，燒製火候略高，質地也比較堅硬。豆柄粗細不一，多為實心，有少數中間帶有細孔。鬲足採集到兩件，一件為紅褐色，呈細長圓錐體。另一件為褐色，呈短粗圓錐體，足尖已殘。器耳分大、中、小三種類型：大型的多為橋狀或板狀，在器表上多屬於較大型器物；中型的也多為橋狀和板狀；小型的一般為乳丁狀，在器表上多起裝飾作用，實用價值不大。器底多為平底，圈足較少。口沿只採集到很小的一塊，為外侈，呈黑褐色，從殘存看，屬小型器物。

石器皆為磨製，多分布在遺址的邊緣地帶，共採集到十四件石斧，其中有兩件較完整，其餘均殘。石斧磨製多較粗糙，是利用天然形狀稍加打磨而成，有兩件器形非常大，其餘均為磨製較細緻的石斧殘體。

遺址內的青銅時代遺物從器形和特徵上看，和吉林市郊西團山發現的器物屬同類，因此，該遺址應該族屬於西團山文化。

遺址內遼金時代遺物主要分布在遺址東南部的平緩坡地上。從遺物分布情況看，遼金時代人類的居住址已從原始人類居住的山岡明顯下移。出土的遼金時代遺物有：褐色布紋瓦、附加堆紋及素面的細泥質陶片和器底、乳白釉瓷器殘片、雞腿罈殘底等。其中瓷器殘底為圈足，外部無釉，內壁施釉。雞腿罈是遼金時代的典型器物。據當地群眾反映，村民耕地時還發現過算盤珠一樣的陶製物件，推斷可為陶紡輪。

王家屯遺址是九台境內比較典型的一處青銅時代居住址，遺址內不同時代的豐富遺物具有一定代表性。

石羊屯遺址

位於上河灣鎮石羊村石羊屯東側的坡地上。東面是南來北流的上河灣河，遺址所處的地勢屬河西岸的台地。遺址東、南、西三面皆為山嶺，北面視野開闊。

遺址南北長五百米，東西寬三百米，現為耕地。地表散布著大量的青磚、

布紋瓦、陶、瓷殘片。瓷片多為乳白釉開片瓷，陶片多為素面。

採集到的文物有：灰色細泥質小卷唇陶器口沿，卷唇下有兩道深灰色橫暗紋，陶胎密度較小，表面光滑，內側有較明顯的輪製痕跡，器形為較大的敞口盆。灰色建築飾件，呈橢圓錐體，順長有一道溝紋，並有手指捺壓的痕跡。乳白釉瓷盤殘底，內外施滿釉，內側底部有一圈燒製時疊壓的痕跡，並有開片。乳黃釉開片瓷盤殘底，內施滿釉，外側無釉。內側底部有燒製時四足支墊的痕跡，釉色透明，瓷胎粗糙。在遺址內還採集到一片仿定窯瓷，瓷胎潔白細膩，白釉光亮，瓷壁極薄。

從出土遺物看，這是一處遼金時代遺址。一九六〇年文物普查檔案記載，當時採集到的文物有石斧、鼎足、鬲足、夾砂陶器耳等。由此推想，青銅時代的文化可能被疊壓在遼金文化層的下面。

慶陽偏臉城遺址

位於慶陽鄉慶陽村靠山屯東側的漫崗上。因遺址南側緊靠偏臉城古城址，而名「偏臉城遺址」。遺址西距飲馬河九華里，九德公路穿越遺址西側，東接東西走向的嶺地。

在東西四百米，南北三百米範圍內的遺址地表上，散布有新石器和遼金兩個時代的遺物，十分豐富。其中尤以新石器時代的遺物居多，夾砂陶殘片和石器，俯拾皆是。夾砂陶殘片中分素面和紋飾兩類。素面陶片均為夾砂，胎內所含砂粒粗細不等，陶土未經淘洗，顏色多呈紅褐色，亦有灰黑色和黃褐色。這些素面陶片及遺址內的一磨製石斧和德惠市的大青嘴、二青嘴、亮子溝、黑坎子，農安縣的田家坨子、林家坨子同類遺物相同，應屬青銅文化的西團山文化類型。

紋飾陶的紋飾有壓印連點紋、壓印弧線形連點紋、直線形劃紋、幾何形劃紋。這些陶片均夾細砂，並羼有蚌殼粉，手製，多數器表經過打磨，顏色主要有紅褐色和黑色。由於燒製時火候控制得不均勻，往往同一塊陶片上呈現紅

褐、黑褐、黃褐等多種顏色，有的陶胎還帶有黑色夾層。此遺址內的紋飾陶和德惠縣的二青嘴、農安縣的左家山類型相同，屬於一種新石器文化。

石器有刮削器、石鏃、石斧和石鋤等。其中刮削器一件，為白色，長四點四釐米，石質細密，磨製精巧，器表光滑，弧刃鋒利，棱角分明。石鏃一件，通長三點六釐米，呈柳葉狀，琢製精細，兩側壓剝均勻，有壓剝鋸齒痕，鏃尖微殘，周身留有壓剝痕。石鋤一件，黑色燧石打磨而成，刃部較鋒利，器表非常粗糙，屬磨製石器早期器物。石斧三件，均為磨製，其中有兩件磨製得非常粗糙，器形也不甚規則；另外一件青色燧石磨製石斧，通體磨光，器形較規則，斧身剖面呈橢圓形，弧刃鋒利。在時間上，後一石斧要晚於前面那兩件石斧。

遺址內遼金時代遺物不算豐富，只是有零星的布紋瓦和陶片散布於地表。採集的一件灰色泥質箆齒紋陶片，質地非常細密。

偏臉城遺址是九台境內發現的一處新石器時代遺址，其豐富的文化遺存為研究九台境內新石器時代人類的生活狀況及生產力的發展，提供了不可多得的實物史料。

一九八五年八月一日，偏臉城遺址被當時的九台縣人民政府公布為重點文物保護單位。

沐石河遺址

位於沐石河鎮椵樹村北山屯東端一朝陽的坡地上，群眾稱此地謂「東偏臉地」。遺址東南是康家天河，南距北山屯遺址一華里，東北距南嶺遺址一點五華里。遺址西南是綿延起伏的嶺地。遺址雖然已全部被墾為耕地，但是，在東西五百米，南北三百米的範圍內，遺物仍較豐富，並存有青銅和遼金時代的遺物。

青銅時代的遺物有打製石核、夾砂粗陶殘片等。石核均屬青色燧石，石質堅硬，是古代人類製造石器的主要石料。夾砂陶為紅褐色，陶土未經淘洗，質

地粗糙，燒製火候較低。

遼金時代遺物有灰色布紋瓦，灰色細泥質附加堆紋、弦紋陶片，紅褐色細泥質大卷唇陶口沿，灰色細泥質帶孔陶片，淺灰釉瓷片。其中陶器皆為輪製，火候較高，質地堅硬，大卷唇口沿樸實敦厚，古樸大方，為缸、甕等大型器物之屬。帶孔陶片應為甑等陶製炊具。

該遺址應屬青銅時代一居住址，遼金時代繼續沿用。

二道溝遺址

位於二道溝鄉二道溝村二道溝屯西側的平緩地帶。遺址西是一南北走向的漫崗，東南有一小河，北面是一谷地，有一鄉路從遺址中部穿過。遺址四周均為平坦的耕地，土質肥沃，適於農耕。

二道溝遺址是一處較大的遼金時代居住址，南北七百米，東西六百五十米，遺址全部被墾為耕地，地表文物分布之多，散布範圍之廣，實為罕見。陶片和布紋瓦、白釉瓷片、大卷唇口沿、小卷唇口沿比比皆是，又有夾砂粗陶、花緣瓦當混雜其中，呈現出五光十色、琳瑯滿目的景象。

布紋瓦有紅褐色和灰色兩種，薄厚程度不一。在遺址中部和南部有兩處磚瓦特別密集的地帶，幾乎覆蓋地面，為當時的兩所大型建築址。瓷器中有很多的碗、盤殘底和口沿，器底內部有燒製時支柱的痕跡，釉不及底，少數帶有開片。口沿為小外侈的尖唇。在遺址內還採集到一花草紋瓦當，為壓印的小型樹葉花紋，紋脈清楚，疏密相宜，整潔美觀，具有一定的工藝水平。另據當地群眾反映，遺址內曾出土過大量的銅錢。

榆樹林子金代遺址

遺址和東湖鎮小嶺村榆樹林子屯同處於一條漫崗上，南有一條西來東流的小河。錯落的民房覆蓋了大部分遺跡，在東西一百米，南北六十米的範圍內，顯露有零星的遺物。

採集到的文物有灰色細泥質大卷唇陶器口沿和殘底。陶胎疏鬆，火候較

▲ 鐵熨斗，出土於東湖鎮小嶺村榆樹林子遺址

高，內壁有明顯的輪製痕跡。瓷器有淺藍色釉圈足瓷碗殘底，內外施滿釉，內側底有一圈燒製時疊壓的痕跡，外壁有小開片，釉呈半透明狀，瓷胎較粗糙，火候較高。

一九八四年六月，該屯社員在修豬圈時挖出金代魚形鐵鍘刀一件，小鐵刀一件，鐵鍬一件，鐮頭一件，還有石磨，石臼等遺物，現藏九台市文管所。

當地群眾反映，一九七五年建房時，挖出一個六耳鍋。同年挖菜窖時，挖出過遼金時代的鐵鍬、鐮刀、石磨等。石磨尚存，其他遺物已散失。

高家窩堡金代遺址

位於胡家鄉紅石村高家窩堡屯南側的向陽坡地上，這裡崗巒起伏，俗稱「五道崗」。遺址東面有一條南來北流的小河，其間是一片開闊的河谷形成的平川地，四周山嶺環繞。

遺址雖然全部被墾為耕地，但地表遺物仍較豐富，在南北四百米，東西四百米的範圍內採集到的文物有：灰色、褐色細泥質陶片，灰色細泥質小卷唇陶口沿，灰色布紋瓦，乳白釉開片瓷，綠釉缸胎罐殘底。在遺址西部的邊緣地帶，還採集到一夾砂陶器成殘體。

該遺址自一九八〇年以來，曾先後出土過「開元」「崇寧」等唐宋銅錢百餘斤，並有鐵刀、鐵鏵、鐵鍬等鐵製生產工具，還出土有銅筷、銅鏡、銅匙、銅煙袋、玉石飾件等器物。此次普查徵集到的有：雙魚紋銅鏡，反褲鐵鍬，魚形玉石飾件，「開元」「崇寧」等唐宋制錢。其中雙魚紋銅鏡、反褲鐵鍬是金代比較典型的器物。銅鏡背面中間有一半球形鈕，鈕的周圍是鯉魚蓮花圖案，

形象逼真，栩栩如生。該鏡直徑七點七釐米，邊厚點三釐米，廓邊寬零占七釐米。鐵鍬為反褲，下部已腐蝕，殘長二十六點五釐米，寬十七點二釐米。魚形玉石飾件為青綠色玉石磨製而成，長七點九釐米，通寬三點一釐米。

該遺址是遼金時代一大型居住址，遺物豐富，值得重視。

▲ 銅鏡

前腰站金代遺址

位於沐石河鎮八棵樹村前腰站屯西南端一坐北朝南的緩坡地上。遺址南是一條川地，西接一南北走向的漫崗，東距康家天河兩華里。

在南北一百五十米，東西二百米範圍的遺址地表上採集到夾砂粗陶片，灰色細泥質陶片，乳白釉開片瓷，灰色細泥質小卷唇陶口沿。陶片均為素面，質地較細密，燒製火候較高，質地堅硬。

遺址內還曾出土過宋代（崇寧年號等）銅錢、六耳鐵鍋、鐵鏵等器物。六耳鐵鍋為一大一小同時出土，大的直徑五十二釐米，高四十五釐米。小的直徑三十三釐米，高二十釐米。出土時，小的扣在大的裡面，裡面還裝有鐵鏵等生產工具。另據群眾反映，在遺址內耕種時，還發現過灰坑。

根據文化內涵，遺址應屬遼金時代的居址。採集到的夾砂粗陶殘片，屬青銅時代遺物，青銅時代的遺址是否被疊壓在下層，有待進一步考證。

此遺址北七百米處有樣子邊遺址，南五百米處有前八棵樹遺址，再往南有南嶺遺址、東偏臉地遺址、北山遺址、康家西山遺址、姜家溝遺址，王小店遺址、前橫道溝遺址，這十處遺址相距都不甚遠，其中有五處是青銅時代遺址，另外還有四處遼金時代遺址內發現有青銅時代的遺物，只有最南面的前橫道溝遺址沒有發現青銅時代遺物。這些遺址皆位於康家天河西側的第一階地上。康

家天河是沐石河的最大支流，兩側是開闊的沖積平原，土質肥沃。這裡依山傍水，很適於古人類從事以農業為主，以漁獵為輔的經濟生活，也充分顯示出了當時這一帶繁榮、富庶的景象。

這一帶是九台遺址較為密集的地區，具有一定的代表性，它從一個側面反映了這一地區青銅及遼金時代的文化面貌。

白家西溝後嶺古窯址

白家西溝古窯址是一處遼金時代的古窯址，位於胡家鄉雙泉村白家西溝屯後嶺坎下，南有一條近二百米的東西走向的窄小川地，川地上存一小溪自西東流。

社員張喜柱房西的嶺下，在東西二百米，南北五十米的範圍內，地面上到處分布有綠釉缸胎殘片，並且有大量的紅燒土，中部尤為密集。在東側山腳下的斷壁上，清晰可見距地表十五釐米處有一文化層內含有紅燒土、綠釉缸胎殘片。另外，在下層還見有灰色細泥質陶片及小卷唇口沿。在窯址東一華里處的白家屯遼金遺址內曾出土一個完整的黑色釉罐，缸胎、平底、鼓腹、敞口。從質地看和該窯址遺物屬同類。由於多年的風雨侵蝕，加之人為損壞，窯室形制與結構已無法辨清。

從殘片看，大部分為罈、罐等小型器物，缸、甕等大型器物很少見。殘片皆為缸胎，說明該窯是以燒製小型器物為主的缸窯。缸片內外均塗綠釉，但較粗糙，由於燒製技術問題，大多數帶有氣泡斑痕。燒製火候較高，質地堅硬。胎骨多數呈紅褐色，並夾雜有石英顆粒。器底皆為平底，底部無釉。從口沿殘片看，器口多為短頸斂口。

科考過程中不僅在距窯址較近的陳家嶺和高家窩堡等遼金時代遺址內發現有同類缸胎殘片，而且還在較遠的盧家鄉、沐石河鎮等幾處遼金時代遺址內也發現有同類缸胎殘片，這說明了該窯址的產品當時經銷的範圍較廣。

該窯址是九台境內發現的僅有的一處古窯址，對研究當時社會陶瓷生產工

藝有一定參考價值。據當地群眾反映，此地自開始建房以來，時常有大量的青磚出土。現居民住宅的矮牆多數為挖出來的青磚所壘成。

卡倫合氣古城

位於卡倫鎮和氣村西北三十米處的平崗地帶。東北六華里為卡倫火車站。整個城址高於地表兩米許。

合氣古城是一座典型的遼金時代城址，宏偉方整，城牆為夯土結構，城牆周長一千七百一十四米，其東西兩牆長均為四百零七米，高兩米，南北兩牆長均為四百五十米，南牆高兩米，北牆高三米，城牆頂寬二米，基寬十五至二十米，在城外五米，城垣四周均有十五米寬的凹窪地帶，即當年護城河遺跡。城牆四角均有角樓建築，長寬各十米，略高於城牆，東南、西南兩角角樓已被破壞，東北角樓保存最好，從高聳的台基可以想見當年的雄偉氣勢。在北牆上以不等距離分布著略高於城牆的三個馬面，均長二十米，寬十米。在南牆上距東

▲ 卡倫合氣古城遺址

南角樓兩百米處設有一門，寬二十五米。門前十六米，有與牆垣相接的弧形短垣痕跡，即甕城。在城門的斷壁之上，黃、黑色夯土層清晰可辨，夯層的厚度：黑土層六至九釐米，黃土層十至十五釐米，牆基堅實牢固。

城內地表遺物十分豐富，磚、瓦、陶、瓷殘片俯拾即是。在距北牆一百米處的東西長一百五十米，南北寬六十米的小漫崗上，青磚、布紋瓦更為密集，並採集到了青磚雕刻建築飾件及瓦當，琉璃瓦等建築材料，當年此地可能是一處大型建築址。在城外的耕地裡也發現有零星的陶、瓷殘片及青磚、布紋瓦，很可能城外當時也有人居住。

採集到的遺物，瓷器類有淡青釉瓷碗殘底，乳白釉龜裂紋瓷盤殘底，缸胎醬釉甕底殘片等。陶器類有灰色細泥質陶器大卷唇、小卷唇口沿，陶罐、盆底的殘片，和飾附加堆紋陶片。建築材料類有青磚，灰、紅褐色布紋瓦，花緣板瓦，溝滴以及青磚雕刻建築飾件，綠釉琉璃瓦溝滴等。據當地群眾反映，城內曾耕出過大量的「開元」「大觀」等唐宋銅錢及鐵刀等生活用具。這次調查，還在城內採集到鐵鏟一件，為方頭、直刃、圓肩，銎部作四棱錐形。

據此城形制結構及採集到的文物標本看，為遼金時代軍事城池。一九八四年四月十八日被公布為第三批長春市級重點文物保護單位。

軡鞡草城子古城

位於龍嘉鎮長嶺村軡鞡草城子屯北側。南有一條自西向東最後注入飲馬河的小河，周圍是廣闊的平原和耕地。

該城呈方形，每邊長三百米，夯土結構。南面城牆現被長嶺村二、三社（軡鞡草城子屯）住宅所占，已無跡象，其他三面保存較好，東、西、北牆殘高均為一點五米，基寬十米，頂寬五米。

在北牆上，分別距東北角八十米和一百米，有兩個馬面，西牆上距西北角八十米有一個馬面，東南角有一角樓。城牆上的馬面、角樓長寬均為二十米。在城牆外五米處，東、西、北三面有三至四米寬的凹窪地帶，即當年的護城

河。無城門痕跡。

　　城內遺物豐富，採集到的文物標本有灰、紅褐色細泥質附加堆紋陶片、橋狀耳，灰色布紋瓦等。陶器殘片火候較低，並有輪製痕跡。器型多為卷唇、大卷唇的盆、罐等生活器皿。據一九六〇年普查檔案記載：群眾反映城牆之上有八個馬面，城內有六眼井，並在耕種地時出土過六耳鐵鍋、鐵矛等器物多件。從城址的形制結構與遺物看，此城與合氣古城屬同一時期文化遺存，為九台市級重點文物保護單位。

吳家城子古城

　　位於春陽鄉吳家城子屯東側，南有一條自東西去的小河。吳家城子古城址屬遼金時代，坐落在廣闊的平原之中。現為九台市級重點文物保護單位。

　　城址呈正方形，周長一千三百二十米，每邊長三百三十米。城牆殘高一至一點五米，基寬八至十米，城牆為夯土結構，夯層清晰可見，厚約十至十二釐米。東、北、南三面城牆保存較好，西牆正中處殘缺約三十米長一段，據當地群眾反映，此段是後來為開闢運輸燒磚原料的通道而破壞的。城牆西南角有突出城牆的角樓痕跡。在城牆外十米處，東、北、西三面的地勢凹陷，尚可看出護城河的痕跡。門址不詳。

　　城內遺物稀少，採集到的標本有灰色獸面瓦當，建築飾件、醬釉缸胎器物殘底，還有乳白釉開片瓷及圈足瓷器底，釉色白中泛黃，外部釉不及底，內部釉均勻光滑，質地較粗糙，火候較高。大量青磚、布紋瓦及建築飾件表明，城內當時具有大型建築。

大城子古城

　　坐落在飲馬河大城子村大城子屯北二百米處。城址西側有一條南北走向的鄉道，東為一望無際的水田。

　　城址呈正方形，城內地勢高於城外約兩米，已被開墾為耕地。城牆係夯土結構，夯土層厚十二至十五釐米。東、南、北三面城牆長均為四百米，西牆長

三百九十七米，長週一千五百九十七米。城牆損壞較嚴重，只有北牆保存較好，殘高三米，西牆殘高一點五米，東牆尚可辨認，殘高零點五米，南牆離屯落較近，因住戶建房等多種因素已被墾為平地。牆基寬八至十米。城門跡象不清。

城內遺物較豐富，青磚、布紋瓦、陶、瓷殘片散見地表，採集到的文物標本有灰色和紅褐色布紋瓦，灰色細泥質素面陶片，小外侈長頸陶器口沿。從陶器殘片看，多有輪製痕跡，為大型生活器皿，如甕、罐、盆等。此外還有乳白釉瓷缽口沿、淺灰色釉瓷器殘底，以及金代鐵花瓷片。另外還採集到銅手鐲和銀釵等首飾。據當地群眾反映，城內過去曾出土過銅鏡、銅錢等。

該城建於遼金時代，元時廢棄。

寶山古城

位於胡家鄉寶山村寶山屯西五百米處一條東西向的漫坡上。城址南三百米處有一自西東流的小河，河南岸是一片開闊的平原耕地，北側是起伏不平的丘陵綿延二華里，直抵五頂山麓。

城址呈長方形，夯土結構。城址現被墾為耕地，東南牆和西南牆損壞特別嚴重，東北牆和西北牆保存較好。東北牆長三百五十米，殘高兩米，東南牆長四百米，西南牆長三百七十二米，西北牆長四百米。牆垣上部殘寬兩米，基寬二十五米，周長一千五百二十米。東北牆設有一門，寬十五米，距北角兩百米在西北牆上有兩個馬面，間距五十米，距西角較近者距西角一百五十米。馬面的長寬均為三十米。在東北牆取土的斷壁上清晰可見夯土層，層厚十至十五釐米，在西北牆外十五米，有非常明顯的凹陷地帶，即為當年的護城河，因年代久遠，逐年風沙雨水的衝擊，已失去了原有的風貌。

城內遺物極其豐富，地表散布著密集的灰色布紋瓦，紅褐色布紋瓦、陶、瓷殘片等。城內距西北城牆五十米處，有一東西向的微高於四周地表的磚、瓦堆積，厚度約三十釐米，並見有大型建築用黑灰色基石殘塊及大型青磚殘塊、

磚刻建築飾件等。從堆積的厚度和範圍看，此處是一大型建築址。在城址東南牆外地表上，零星暴露著磚、瓦、陶、瓷殘片等，係城內附屬聚落址。

採集到的遺物有瓷器，多見白釉，並有開片及弦紋瓷；陶器均為灰、紅褐色大卷唇口沿及小外侈口沿。另外還採集到了褐色乳丁緣花草紋瓦當，花緣板瓦。據當地群眾反映，城址內曾出土過大量的宋代銅錢。

從遺物分析，此城應為遼金時代古城址，現為九台市級重點文物保護單位。

東尤屯古城

位於莽卡鄉張莊子村東尤屯北四百米的開闊地上。西靠一條南北走向的鄉道。整個城址西部略高於東部，四周均為平坦的耕地，東距第二松花江十里許。

該城為長方形，周長一千二百米，夯土結構。東牆和西牆長均為二百六十七米，南牆和北牆同是三百三十米。南牆殘高一至一點五米，基寬十二米，頂寬六米，北牆殘高一至一點五米，基寬十五米，頂寬七米。城牆損壞較嚴重，城內已開墾為耕地。東、西牆已無跡象，門址不詳。

城內遺物較為豐富，地表散布有青磚、布紋瓦、陶、瓷殘片等。採集到的文物標本有灰、紅褐色布紋瓦，灰色細泥質大卷唇及外侈陶器口沿、橋狀耳和壺咀等。當地群眾反映，在城內西部，社員曾挖出過大量的「開元」「大觀」等唐宋銅錢。一九六〇年文物普查，那時城內遺物覆蓋於地表，但東西兩牆已很難辨認。當時曾出土過六耳鐵鍋。

這座古城是遼金時代設置的軍事城堡。

三台古城

坐落在三台村南一華里處的一條西高東低的漫崗上。

城址略呈方形，東西牆長均為一百米，南北牆長一百一十米，周長四百二十米，殘高一米，基寬六米，頂寬二點五米。在北城牆上設有一門，門寬五

米。城垣為夯土結構，夯土層厚十至十五釐米。

城址中遺物較為豐富，採集到灰色布紋瓦、灰色細泥質飾附加堆紋陶片、白中泛黃釉龜裂紋瓷器殘片、淡青色釉瓷碗殘底等遺物。據當地群眾反映，城門南原有一眼井，現已填平，成為耕地。一九六〇年文物普查時對此井即有記載。

此城為遼金時代軍事城堡。

月明樓古墓群

位於慶陽村月明樓屯北側一東西走向嶺地的南坡上。嶺的西側有九（台）德（惠）公路通過，往西三華里是飲馬河。南面有一條小河自東流來向西匯入飲馬河。

此墓群是一九六〇年文物普查時發現的，一九八〇年對此進行了複查，並採集到一件磨製石斧，四件骨角器。這次複查沒有發現遺物。當地群眾反映，趟地時，在東西五百米，南北二百米的範圍內，經常能碰到大塊板石，即石棺蓋。由於它像「暗礁」一樣經常毀壞農具，社員們曾挖掘了五座石棺。從挖掘出的石棺看，為長方形，單室石封，東南、西北方向，隨葬品有夾砂粗陶陶罐。由於沒有對此進行正式發掘，該墓群的數量及墓葬的詳細情況，尚有待發掘考證。

該墓群為青銅時代，一九六一年被公布為長春市級重點文物保護單位。

二道咀子古墓群

位於雙興村二道咀子屯西南的嶺崗上。嶺崗為東西走向，向東綿延數里，嶺前是一片開闊的窪地，西側是九（台）德（惠）公路，再往西五華里是飲馬河，北距月明樓古墓群二華里。

此墓群是一九八四年春社員翻地時發現的。群眾出於好奇，當時曾挖開了六座。這六座石棺呈一字並列，間距一點五米。石棺為長方形，單室石封，東南、西北方向。石棺蓋距地表四十釐米。發現的石棺中最大的長一百八十四釐

米，頂寬六十四釐米，底寬四十九釐米，深五十釐米，其餘略小。兩邊的石棺葬人，中間四個石棺裡裝的是隨葬品，有狗、羊、豬及兩個半月形骨器和夾砂粗陶陶器等，隨葬的骨器、獸骨、人骨均被群眾打碎。人、獸骨，火砂粗陶陶器殘片及築造石棺的石板碎片散見地表，墓坑清晰。

據當地群眾反映，機器耕地時在已掘石棺東北部發現地下有石板的多處。因此，此地區應是一處石棺墓群，面積約四萬平方米。

此墓群與月明樓古墓群屬同期文化。

成多祿墓

位於其塔木鎮成家村山圈屯北側三百米處平緩的坡地上，南二百米處有一條小河，四周均為耕地。

成多祿是晚清著名的詩人、書法家，「吉林三傑」之一，並有「書聖」之美稱。江南塞北的風景名勝地存留有不少成多祿的手筆碑刻，他的墨跡為許多書家所珍視。成多祿為其父與家族墓地書丹的墓碑，現存三塊。碑座和碑身上雕有花草和雲龍紋飾，非常精美，對研究成多祿的書法技藝有參考價值。

一九六八年冬初，正值「文革」期間，按當時上級要求，位於耕地中間的成多祿墓被挖掘。墓室一丈一尺見方，四周為木板壁，中間由一板障隔為兩室，左右兩室分別置放成多祿及其妻的木製棺廓。挖掘後，成多祿的屍體被族人成世昌葬在其父的墳旁。現在，地表上只遺留有一個大約四米見方，高一至一點五米的混凝土墓頂。出土的隨葬品有衣物、珍珠、玉石煙袋、銅錢、銅紐扣、金銀牙套等，其中大部分已被九台市文管所徵集收

▲ 成多祿墓

藏。

　　一九八五年八月一日，當時的九台縣人民政府將成多祿墓地列為重點文物保護單位。

南山烈士紀念碑

　　九台市南山公園向陽的坡地上，安葬著在抗美援朝戰爭中英勇犧牲的一百一十三位烈士（其中有二十二位朝鮮人民軍戰士）。墓地裡墳塋保存完好，黃土封頂，每座墓前立有青色花崗岩墓碑，上面用陰文刻有烈士的名字及住址。

　　一九五〇年六月二十五日，美國一手策劃、指揮的朝鮮戰爭爆發了。九月十五日，美國打著「聯合國軍」的旗號在仁川登陸。十月，美軍侵占平壤，把戰火燒到了中國的大門口，美機不斷侵入我領空掃射、偵察。面對步步緊逼的侵略、威脅，中國人民決心抗美援朝，保家衛國。同年十月二十五日，彭德懷司令員率領中國人民志願軍跨過鴨綠江，參加朝鮮人民的抗美戰爭。朝中人民軍隊並肩作戰，接連發起五次大反攻，經過艱苦的戰鬥，終於把武裝到牙齒的美軍從鴨綠江邊趕回到「三八線」，被迫於一九五三年七月二十七日在《朝鮮停戰協定》上簽了字。

　　中朝兩國是唇齒相依的鄰邦，而吉林省和朝鮮僅有一江之隔，是朝鮮戰場的大後方。當時，陸軍十九醫院就設在九台鎮（今省結核醫院院址）。從前線轉來的部分傷員由於傷勢過重，在治療期間犧牲。

　　九台南山烈士墓是中朝兩國人民用鮮血凝成的友誼的象徵。這些為幸

▲ 南山烈士紀念碑

福和自由而英勇獻身的英雄兒女們的光輝業績，將世世代代銘刻在中朝兩國人民的心中。

營城烈士墓

營城鎮烈士墓位於營城鎮營城煤礦職工醫院南側的台地上。一九四九年八月立。

烈士墓為拱形，水泥灌築，長兩米，寬一點五米，高一米。墓前有一紀念碑，高兩米，頂部有一個金屬五角星，正面（南）陰刻「劉喜龍烈士之墓」，背面（北）記有劉喜龍烈士的簡歷，四周圍有約一米高的鐵柵欄。

劉喜龍同志原籍牡丹江市五林縣梨樹底村，係中國人民解放軍一總隊一團三營七連戰鬥組長，於一九四九年八月二日在爆破演習中為了完成任務，光榮犧牲。

卡倫鎮烈士陵園

卡倫鎮烈士陵園位於卡倫鎮郊三隊（小北屯）南偏西四百米的漫崗上。

一九四八年春，中國人民解放軍四野一縱隊二師在解放長春的戰役中，因敵機空襲而犧牲六名戰士。為了緬懷英雄們的業績，告慰先烈的英靈，一九四八年九月，安葬了六位烈士之後，建起了這座烈士陵園。

在烈士墓前，建有一座六棱形的紀念塔，高三點一五米，正面（南雕）有陽文楷書「雖死猶榮」，背面（北）刻有劉樹仁、馬盛武、解魯利、侯福林、王樹森、何振有六位烈士的姓名。每至清明節，附近的群眾及中小學師生，都要來到陵園內祭掃。一九八五年八月一日被當時的九台縣人民政府列為重點文物保護單位。

沙子山烈士墓

沙子山烈士墓位於波泥河鎮平安堡村青山屯南約兩華里處的沙子山南坡上，共四十八座黃土封頂墓。

一九四八年一月，中國人民解放軍四野三十三部隊一個團（現一個連）奉命在沙子山一帶攔擊國民黨從吉林往長春撤退的殘部。在這場戰鬥中，有數百名戰士光榮犧牲。為了紀念先烈，緬懷他們的英雄業績，人們把犧牲的烈士安葬在戰地上，修築了烈士陵墓。烈士的英靈，將永遠鼓舞著人們為祖國的繁榮富強而獻身。

景觀名勝

　　文化是旅遊發展的靈魂，旅遊是文化發展的依託。綜觀九台旅遊發展史，各個時期都有自己獨特的表現形式，而九台的旅遊文化也有其很強的民族性和發展性。

　　九台市擁有一江三河（松花江、飲馬河、沐石河，霧開河）、一脈五峰（大黑山脈、大楞山峰、馬大山峰、馬達砬子峰、八台嶺峰）和大小水庫二十餘座。縣級名勝古蹟二十一處，還有已開發的廟香山滑雪場、卡倫湖度假村、石頭口門水庫風景區、馬虎頭山和松花江心群島等風景區，還有龍家堡美食城等，山水旅遊資源的開發潛力很大。

南山公園

　　九台市南山公園是一處功能齊備、設施完善，集休閒、集會、體育鍛鍊等

▼ 銀裝素裹的南山公園吊橋

於一體的綜合性公園，位於小南河以南，風景十分秀麗，是個休閒觀景的好地方。占地面積二十點零九公頃，綠化面積十八點公頃。一九八六年修建了公園大門，命名為「南山公園」。南山公園擁有五個廣場，分別是方形廣場、羽毛球場、廊架廣場、膜飾廣場和綠島廣場，面積達到四千三百五十三平方米。

園內既有彌勒佛、烈士紀念碑、吊橋亭等景觀，又有樹木蔥蘢、水面開闊、湖光瀲灩的吊橋；既有江南婉約秀麗、精緻輕靈之美，又有北方山巒起伏、雄偉壯麗之勢。永垂不朽的烈士紀念碑，時刻提醒人們，特別是青少年，不要忘記先輩，不要忘記歷史。先烈的長存浩氣永遠鞭策激勵著後人。熱愛家鄉、熱愛祖國的深刻傳統教育，凸顯南山公園與眾不同的品位。

到了四月，無數不知名的樹木穿上了綠色的新衣，多少平時不起眼的小草也開出了各色各樣的小花。雪白的櫻桃花，如火的紅桃，爭搶著綻放著俏顏，裝扮著這美麗的春天。清晨的南山公園，芳草萋萋，百花妖嬈。環顧著這一樹樹姹紫嫣紅令人目不暇接的鮮花，深深地呼吸著濃濃的花香，如捧美酒痛飲，陶醉不已。金色的陽光下，小南河裡的水更顯碧綠清澈，河邊的翠柳與渾厚古樸的城牆倒映在水中，一群群紅鯉圍成一圈歡快地爭搶著食物，惹得行人駐足觀賞。晚上，公園裡散步的人也多了起來。有的人悠閒地走著，有的坐在公園的石凳上沐浴著春風，天南海北地閒聊著。而絕大部分人都在大步疾走，整個公園的小道上宛如遊行的隊伍在前行。猛然，陣陣清香飄來，使人分外舒心。循香而去，眼前是一棵棵開滿白色小花的丁香樹。朦朧的燈光下，那一簇簇白色的小花粒像晶瑩的碎玉，惹人喜愛，令人心醉。微風吹拂，花枝搖曳，彷彿一群群身著素裝的姑娘在月光下款款舞動。晚飯過後在明快的樂曲聲中，人們身姿曼妙、翩翩起舞。舒緩優美的古箏聲中，打太極拳的人們推拉扲按如行云流水、綿綿不絕。整個公園洋溢著勃勃的生機。

新洲公園

九台市新洲公園建於二〇一一年，占地面積四公頃，綠化面積二點九公

頃，水域面積一點一公頃。園內主要種植苗木花卉有黑松、金絲垂柳、荷花、美人蕉、野菊花等，更佈置亭台廊榭、風車、假山疊水、膜結構等景觀，設置荷花燈、龍柱、雲帆燈，水面還覆蓋荷花錦鯉。園東建有大型音樂噴泉廣場，直徑四十五米，面積六千四百平方米。

新洲公園主入口大門標誌性建築是音樂噴泉，特別富有文化和藝術色彩。噴泉音樂廣場可謂是「公園客廳」，每當夜幕降臨，音樂柔和舒緩，噴泉微微蕩起，猶如一群身披白紗的少女，在舞池中翩翩起舞。當音樂高亢激昂時，一股股水柱直衝天際，激濺四溢，又如仙女下凡般把花瓣撒向人群，和著音樂噴泉翩翩起舞；每到夕陽西下，就會看到孩子們歡天喜地在水霧中歡呼雀躍，老人們在灑脫地抖著空竹，男士們瀟灑地打著羽毛球，白髮老人相伴散步而行。更有那些中青年女士們隨著悅耳動聽的音樂，整齊而灑脫地舞蹈著，盡情展示生活的美好畫面。夜慢慢深了，歡樂的人群才談笑風生地散去，把快樂溢滿回

▲ 噴泉廣場

家的路。

　　新洲公園處處充滿本土文化氣息，是人們遊覽娛樂、運動健身、休閒交際的好去處。然而，因新洲公園附近朝鮮族人口居多，彰顯了新洲公園內不同的地域風情，來觀光的人們體會的是各有品味、各見風格、各具特色。新洲公園的建成，不僅為市民又增添了一處新的健身活動場所，同時也進一步拉動了九台南區的發展。

溪橋公園

　　九台市溪橋公園建於二〇〇七年，綠化建設面積五點五八公頃，道路及廣場面積一萬五千平方米。溪橋公園內最引人注目的是早晚在「太極苑」裡那些打太極拳的人們，他們時而獅子搖頭、野馬分鬃、猛虎下山，時而白鶴亮翅、鳳凰點頭、乳燕翩翩；時而霸王敬酒、張飛騎馬、二郎擔山，時而玉女穿梭、

▲ 溪橋公園

嫦娥奔月、天女下凡……手抱乾坤，靜如秋水，氣壯山河，動如閃電。而在無山不綠、有地皆春、花香醉蝶、柳色迷鶯的季節，公園中那些舒眉綠柳、婀娜梧桐、玉立刺松、婆娑紅楓，長得還不算大，就應稱作嫵媚少女了。這些樹默默相依、默默守護，微風吹來，它們還會纏纏綿綿訴說衷腸，園中還有形體訓練機、鞍馬訓練機、室外漫步機、臂力訓練器等等，不下十幾種。每天清早，這裡就已聚集了許多晨練的人們，有的在器械上鍛鍊，有的在打羽毛球，有的在跳老年迪斯科、彩扇舞，還有的在變著花樣踢毽。時而有笛聲和嗩吶聲從林中傳出，悅耳動聽，好似天籟之音。一到夜晚，溪橋公園萬盞燈火放光明，一幢幢高樓大廈頓時披上了寶石鑲嵌的衣衫，一條條街道也變成了浩光閃耀的銀河。溪橋公園可謂「祥天福地、百姓樂園」。

民生公園

九台市民生健身公園依託民生大廈，東臨長通路，西臨福臨小區，北靠福臨大街，南接南苑大街。公園占地面積六點三公頃，建於二〇一三年。園區鋪設石板路，裝飾有景觀石、園中亭、膜結構及景觀橋，還有特色花池。民生公園是日常工作乏累的人們的好去處，它讓人們一走進園裡，腦海中就會浮現出溫馨畫面、美好記憶，民生公園雖是城市公園，但自然氣息濃厚而又不乏人文底蘊，清新舒暢的風格，自然而富有文化的氣質，贏得了九台人民的熱愛。

▲ 民生公園一角

馬虎頭景區

馬虎頭山位於九台市駐地東二十九公里處，土們嶺鎮駐地東三公里處。其主峰是九台、永吉縣的分界線，和八台嶺同是大黑山系向東北延伸的餘脈。

馬虎頭山由青岩、白岩雜石組成，土層黃黑色，坡度五十度左右。天然次生林多，有部分人工松林，覆蓋率百分之九十以上。這裡景色獨特，風光宜人，是觀賞遊玩的好去處。每年春、夏、秋季，都有外地遊人到此遊覽。因此山形狀險峻，是土們嶺境內的制高點，海拔五百三十八米，東北走向，山頭呈圓形。馬虎頭山，滿語為帽子山。

▲ 馬虎頭景區

雞冠山景區

雞冠山地處胡家回族鄉西南部，與吉林地區交界，距九台市區約五十四公里，隔江與吉林舒蘭相望，主峰海拔約五百三十米，山體陡峭，因山峰酷似雞冠而得名。

「雞冠三峰」是雞冠山的制高點，呈西北、東南走向，三座山峰相輔相依，岩崖錯落，似斷又連，聳立於層巒疊嶂之中。

雞冠山奇峰異石多姿，瑞木瑤草盈野。五月上旬，粉紅色的杜鵑花競相開放，爭奇鬥豔，滿山遍野，芳香四溢，蔚為壯觀。此杜鵑花又名金達萊，主要生於山坡、草地、灌木叢等處。金達萊是春天田野中開放的第一朵花，人們將金達萊看成是春天的使者，堅貞、美好、吉祥、幸福的象徵。

▲ 雞冠山景區

牛頭山景區

　　牛頭山水庫，是九台市自然風景旅遊區之一。位於其塔木西南方向約十公里處，三岔河中游八家子村附近。牛頭山屬風光秀美的長白山餘脈，水庫水源來自我省母親河第二松花江下游支流。山水相映，碧水含煙。一灣碧波的牛頭山水庫，占地約五平方公里，庫容一萬三千立方米。

　　不同的角度，有不一樣的風景。從九其公路正北方看有一座山，看上去與牛頭相像，稱為牛頭山水庫因靠近牛頭山，故稱之為「牛頭山水庫」。這座水庫，就像一面絢麗奪目的寶鏡，鑲嵌在牛頭山下，水面依山勢屈伸變幻，沿岸蒼松翠柏，怪石嶙峋，含煙蓄翠，一泓碧波清澈見底，天光雲影，山水互映，美不勝收。

　　山水之間，若隱若現的青磚紅瓦彷彿世外桃源，牛兒在山上悠閒地吃草，

鴨子在水面上歡快地游著，一老翁垂釣江水邊上，似一幅肖像，恬靜愜意，水面上快艇的馬達聲打破了山水的寧靜，猶如平靜的水面扔進了一粒石子，但這聲音馬上被吞沒，彷彿從未發生過。

在這如詩如畫的牛頭山水庫，有著許多美麗的傳說。相傳神牛為救百姓，擅自打開糧倉，把穀子隨雨撒了下去，後來人們為了紀念這個日子，就把這天稱為「穀雨」。神牛被貶，落到了其塔木西南部形成了「牛頭山」。牛頭山水庫真正由來，是一九五六年十月動工修建，一九五七年九月建成。近幾年來，每逢春、夏、秋季節，這裡都吸引省內外遊客前來踏青垂釣。山上的大峽谷、岩洞，吸引了眾多地質專家和旅遊項目投資商來此考察研究，這裡是搞水上娛樂、建設旅遊度假項目的極佳選擇。

▼ 牛頭山景區

「五月花海」——四棱山

「四面清風皆入畫，一片閒雲獨看花」。四棱山位於九台其塔木風景名勝區，是以山、林、花為一體的天然園林。它坐落在其塔木鎮西北八公里處，因其主峰從四面看去，各有一條棱，故名——四棱山，是九台市第二高山，海拔五百七十點九米，自然生態林面積一千八百公頃，木材蓄積量一百萬立方米，有三百多種木本植物，草本植物上千種。主要木本植物有紅松、柞樹、黑樺、椴樹、山榆等；覆蓋率百分之八十以上；主要草本植物有白芷、半夏、五味子、當歸、防風、柴胡、天南星等中藥材一百二十餘種。還有山菜、山果等，美麗多姿，豐富多彩。攀岩而上，直至四楞山頂峰，有一覽眾山小，心曠神怡之感。每年的五月上旬，遍山開滿「杜鵑花」，當地人習慣稱之為「乾枝梅」「映山紅」「金達萊」。還有一種特別的花——冰凌花，中國中醫稱冰凌花為福壽草，又因是在冰天雪地裡最早開放的草本花朵，故享有「林海雪蓮」之美

▼ 「五月花海」四棱山

稱。這裡青山環繞，碧水縱橫，藍天映花海，綠樹鳥爭鳴，是陶冶情操、森林浴、旅遊度假的好地方，在晴空萬里，陽光明媚的日子裡，遠離城市的喧囂，感受一次身體和心靈的洗禮，欣賞美景，留住回憶。

四棱山的詩境畫意，更是另一種感受，放眼遠眺，山嶺雲蒸霞蔚，遠近村郭盡收眼底。在高山習習涼風中，氣勢磅礴的四棱山，被盛開的紅、白、紫三色杜鵑花所覆蓋，滿山杜鵑，優美壯觀。漫山遍野的紅杜鵑，映紅了半邊天，遠看紅似一團火，杜鵑花爭奇鬥妍，人在花中行，花映人更美。此刻，你彷彿被大自然神奇的魅力緊緊裹住，難以抵禦漫山遍野鮮花的誘惑，陶醉在花的美景中難以自拔，便成了花中仙客，在花中流連忘返。清朝「吉林三傑」之一成多祿的墓地，總投資一百二十萬元的其塔木烈士陵園，滿族文化活動室，回族清真寺，朝鮮族文化活動室，都可以在四棱山上欣賞到。在享受民族風情的同時聆聽「三下江南，四保臨江」的其塔木戰鬥的槍聲，讓人們更加熱愛這片用烈士鮮血染成的熱土。

「徒步者的天堂」——馬鞍山森林公園

馬鞍山村位於九台市土們嶺鎮西四公里處。半山區，面積八點五平方公里。耕地三百一十七公頃，主產玉米、大豆、穀子等。林地二百一十六公頃，轄八個自然屯，長圖鐵路從此經過，西四百米有上家火車站。境內有出名的馬鞍山，依山得名。馬鞍山由青色岩石組成，海拔三百八十六米，表土層五十釐米，坡度緩，上有大片的人工松林，天然次生林，覆蓋率百分之八十以上。因風景獨特，春季很多人來觀景，因山形酷似馬鞍，故名之。近年來，隨著徒步運動的興起，馬鞍山森林公園每年都吸引了來自長春、吉林等地的大批徒步運動愛好者。因此，這裡又被稱為「徒步者的天堂」。

提起馬鞍山，有一段傳說。相傳，古時候這裡有一位將軍收服了神馬後，一直沒有配上合適的馬鞍。一日，這位將軍率領部隊來到一個山腳下紮營，半夜時分，山岡上面突然出現一閃一閃的異光，哨兵發現後急忙報告了將軍，將

軍以為是來偷營的，便下令再探，並準備作戰。可是，當戰士們趕到那裡時，異光自然消失了，戰士們離開時，奇異的光又亮了。將軍覺得奇怪，立即下山詢問當地老鄉，老鄉說：「這座山，一毛不發，種什麼都不得，大家叫它『怪山』。可能有什麼妖魔鬼怪，將要出來造孽，求將軍為黎民除害呀！」

將軍聽罷百姓之言，獨自披甲騎馬奔上山岡。山上果然光禿禿，全是岩石，不長一棵樹木，只是點點斑斑的青苔。他正看時，突然「喇」的一聲響，火光映天，岩石裂開一道奇形的小門，門裡走出一位銀髮銀鬚的老頭，奔將軍走來，口中喊著：「將軍，馬鞍在……」將軍的馬老遠就昂頸長嘯，活躍異常，將軍不解其意，張弓搭箭，射中老頭胸部，使其猝然倒地。瞬間，山上光亮熄滅，將軍四處搜索，再也找不到那個石門。只好怏怏不樂地回營，途中他騎的馬仍然不斷嘶叫，他猛然想起那老頭還沒說完的半句「馬鞍在……」的

▲ 馬鞍山森林公園

話，頓時大悟，原來是他魯莽，錯殺了土地佬，失去了天賜的寶鞍。

從那時起，這座山形也改變了，真的像個馬鞍形，所以人們就稱之為「馬鞍山」了。

雄渾馬虎頭，幽深馬鞍山，正攜著「長吉都市綠肺，天然生態氧吧，北方風情外景、東北地貌精華」的美譽，召喚著萬千遊客在滿山綠色中盡情地呼吸。馬鞍山張開它熱情的雙臂，擁抱著每一個前來觀光的遊人！

「吉林省愛國主義教育基地」──其塔木烈士陵園

陵園位於其塔木鎮西南北山村。一九八五年公布為縣級文物保護單位，二〇〇九年公布為長春市文物保護單位、評為長春市中共黨史教育基地，二〇一一年列為省愛國主義教育基地。

一九四七年，當地政府和群眾為其塔木戰鬥犧牲戰士修建墓群，後遷到戢家村二社。二〇〇二年九月二十六日，全市人民捐款一百一十萬元在原址新建的烈士陵園落成，占地九千六百平方米，四周圍有鐵藝圍欄。正門和後影牆上刻有原中共吉林省委書記王雲坤題寫的「其塔木烈士陵園」和「愛國主義教育基地」，正門兩側圍牆分別刻有「弘揚先烈愛國主義精神」「實現中華民族偉大復興」。影牆後是一百八十平方米的花壇，兩側為兩千平方米的草坪，栽種

▲ 其塔木烈士陵園

二百零一棵松樹，象徵著在其塔木攻堅戰中犧牲的二百零一名官兵。陵園由愛國主義教育館及「三下江南」戰役紀念館、紀念碑構成。紀念館南館由原九台縣委書記、省顧問委員會主任張鳳岐題寫「三下江南戰役館」，北館由原省人大常委會副主任谷長春題寫「愛國主義教育館」。紀念碑高十九點四七米，碑身正面豎刻「革命烈士永垂不朽」，下方四面鑲嵌「戰前動員」「慶祝勝利」等二十五幅浮雕，碑身四周為漢白玉石圍欄。碑基座四面刻「『三下江南』戰役簡介」「其塔木攻堅戰」「張麻子溝伏擊戰」「焦家嶺圍殲戰」碑文。基座裡面用紅色棺槨裝無名烈士遺骨。

▲ 其塔木戰鬥中我軍指揮員指揮作戰

▲ 其塔木戰鬥中我軍的炮兵陣地

▲ 打援部隊在張麻子溝伏擊增援其塔木之敵

東北三省唯一的農民收藏博物館

　　吉林省農民收藏博物館位於中國民間文化藝術之鄉——九台市其塔木鎮劉家滿族村。這是在各級黨委、政府支持下，由中國著名農民收藏家、民間藝術家關雲德創辦的東北三省唯一的農民收藏博物館。

　　吉林省農民收藏博物館暨其塔木鎮文化館占地面積一萬平方米，建築面積兩千兩百平方米，館藏各種文物兩萬餘件，分為辦公居住區、民間工藝製作車間、大戲台、主展館四個功能區，博物館的藏品以民俗用品為主，從古到今，涵蓋了東北農耕文化、漁獵文化、森林文化、薩滿文化，具有濃郁的地方特色和文化底蘊。一座農民博物館是一位農民到文化大師的成長史，也是一部東北農業、農村、農民的發展史。

▲ 吉林省農民收藏博物館

土們嶺綠島生存旅遊島

　　吉林省綠島生存旅遊島有限公司是集國防教育、素質拓展、社會實踐、旅遊度假、康體養生、會議服務、餐飲娛樂於一體的綜合型旅遊企業。企業坐落

在土們嶺鎮鎮區西北部，距長吉北線公路一公里，距長圖鐵路土們嶺站兩公里，交通便利，位置優越，是長春和吉林兩市近郊旅遊消費人群休閒養生的最佳去處。

國家 AA 級旅遊景區綠島生存旅遊島占地面積三十公頃，建築面積一萬兩千平方米。旅遊島內春天青山翠柳，百花爭豔；夏天荷塘月色，百鳥啼鳴；秋天紅果壓枝，稻花飄香；冬天山巒覆雪，銀裝素裹⋯⋯

綠島設施齊全，娛樂項目繁多。旅遊島圍繞「生存歷練，休閒生活」為核心文化，已建成軍事訓練區、素質拓展區、農事生產實踐區、傳統工藝體驗區、CS 野戰區、戲水樂園、開心農場等多功能複合型景區，開啟了全新綠島生存拓訓之旅，引領回歸自然生態休閒新生活。島內建設有室外游泳池、垂釣池、狩獵場、滑雪場、大型停車場；室內有卡拉 OK 廳、棋牌室、多功能廳、商務服務中心和特色生態餐廳，舒適的標準客房、風格典雅的套房等，可同時為三千人提供餐飲住宿、休閒娛樂的「一條龍」服務。

▲ 土們嶺綠島生存旅遊島

金穗山莊

國家 AA 級旅遊景區金穗山莊隸屬於吉林省金穗集團，山莊集旅遊、度假、會議、培訓、餐飲、娛樂於一體，有長吉、長圖鐵路列車在此交會，交通十分便利，是旅遊觀光、商務度假的良好去處。

山莊占地面積十三萬多平方米，建築面積八千多平方米。山莊內蒼松翠柏遮天蔽日；奇花異草爭芳鬥豔。山莊設施齊全，娛樂項目繁多。室外有游泳池、釣魚池、狩獵場、滑雪場、大型停車場；室內有卡拉 OK、檯球廳、棋牌室、會議室、多功能廳、商務中心、洗浴中心、豪華餐廳，舒適的標準客房、套房、風格典雅的總統套房等，可同時為二百餘人提供食宿、娛樂的「一條龍」服務。

在金穗山莊遊客可以信步於羊腸山路，伴著鳥兒演奏的「圓舞曲」，欣賞虎頭山的俊秀，馬鞍山的壯觀；也可以觀賞百年參天古樹，傾聽小溪潺潺聲。在這裡，真山、真水讓人充分體會人與自然的和諧美妙。

▲ 金穗山莊

長春水源地——石頭口門水庫景區

　　國家 AAA 級旅遊景區石頭口門水庫位於九台市石頭口門村石頭口門自然屯西約零點五公里處，是一座以防洪除澇、城市供水為主，結合灌溉、發電、養魚、旅遊等綜合利用的大型水利樞紐工程，是長春市主要水源地，二〇〇三年十月被水利部評為國家水利風景區。石頭口門水庫占地面積一百平方公里，其中水面九十四點二平方公里，其他森林覆蓋率為百分之九十五。水庫壩址在吉林省九台市西營城鎮境內，西距長春三十五公里，北距九台三十公里，距龍家堡機場十公里，水土資源豐富，區位優勢明顯。在做好防洪、供水工作的同時，水庫還依託於得天獨厚的自然條件，大力發展生態旅遊業、生態漁業等綠色經濟。

　　石頭口門水庫風景區山清水秀、空氣清新，景色宜人，融自然景觀與人文景觀於一體。沿庫分布著名的清代柳條邊、乾隆上馬台、沙子山戰役遺址等名勝古蹟，景區內建有仿長城、沙灘浴場、世紀源、音樂噴泉、覽勝亭、彩虹橋、

▲ 石頭口門水庫景區

垂釣渠、九曲荷塘、春華園、百花園等人工景點。石頭口門水庫水質純淨，野生淡水魚品種全、數量足、無污染，深受人們歡迎，特有的全魚宴已被吉林省養生保健協會吉菜研究分會納入營養吉菜系列。

石頭口門水庫風景區旅遊春夏秋冬四季、早中晚皆宜。春季桃紅柳綠，夏季繁花似錦，秋季層林盡染，冬季銀裝素裹；清晨薄霧環繞，中午天高雲淡，夜晚綵燈齊放。到石頭口門水庫，既可領略自然風光，又可欣賞人文景觀，可泛舟湖面，登山遠眺，垂釣休閒，游泳健身，既能做美好而舒適的一日遊，又可以小住避暑、度假，完全忘卻都市的喧囂與煩躁，與大自然做零距離的接觸，親山近水，滌盪心靈。

最出名的還有石頭口門的「冬捕」。在冬捕之前，有薩滿祭祀活動，人們在欣賞薩滿文化的同時就能感受到「萬尾鮮魚出玉門」的壯觀。石頭口門水庫是回歸自然、返璞歸真、生態旅遊的好去處。

「北方威尼斯」——卡倫湖度假村

國家 AAA 級旅遊景區卡倫湖度假村地處長春、吉林兩市之間，距長春市中心二十二公里。度假村總占地面積十二點七平方公里，卡倫湖面面積約五平方公里。度假村上游是國家級水利風景區長春市生活用水水源地——石頭口門水庫和霧開河，水資源極其豐富。區內藍天碧水，景色秀美，文化氛圍濃郁，生態環境極佳。經過十餘年的建設發展，已建成為建築面積近二十萬平方米的集旅遊觀光、會議療養、食宿娛樂為一體的大型綜合休閒度假區。

卡倫湖度假村打造以「水」為特色的旅遊同時，注重「水」與周邊自然生態環境的和諧統一，讓遊客得以遠離喧囂的城市來擁抱藍天碧水；品牌文化旅遊項目——卡倫湖文化體育游和生態觀光游也是卡倫湖的又一特色。

主要景點有：羅馬石柱廣場、半島廣場、森林浴場、親水碼頭、水上遊樂區、拓展訓練場及東岸生態遊覽區等。

二〇〇九年，卡倫湖度假村裝扮一新，面向省內外遊客重新開放。已被吉

▲ 卡倫湖風光

林省旅遊局正式評定為「國家 AAA 級景區」，創建 AAAA 級景區的工作也在積極進行中。卡倫湖旅遊村作為長春市第三屆消夏節的四個主要景點之一，成功舉行了第三屆中國長春消夏節卡倫湖「休閒任我行」系列活動──包括紀念「北京奧運會一週年」火炬傳遞、戶外露營、秧歌大賽、垂釣及生態農產品採摘等等。吉視生活頻道在卡倫湖拍攝了大型欄目「勇者無敵」──走進卡倫湖專場節目。卡倫湖還攜手吉林省歌舞團，給九台市人民帶去了「吉林省歌舞團走進九台大型文藝演出」。卡倫湖是一個集觀光遊覽、休閒度假、文化體驗、會展培訓、生態居住於一體的生態文化旅遊園區。

八台嶺生態文化旅遊區

國家 AAA 級旅遊景區八台嶺位於吉林省長春和吉林兩大城市中間的九台市沐石河鎮境內，海拔六百八十八米，為九台市第一高峰，西距長春市七十公

里、東距吉林市五十公里，長春市龍嘉國際機場到八台嶺二十二公里，交通便利。八台嶺風景區占地二百四十公頃，森林覆蓋率為百分之八十，野生植物、中草藥材極其豐富。沿八百級台階向上至主峰第八烽火台，南面險峰陡峭，雄偉壯觀，北峰險峻挺拔，層巒疊嶂。峭壁上懸有遠近聞名的狐仙洞，民間流傳多種神話傳說。站在頂峰西看九台市和飲馬河，東望吉林市和松花江。八台嶺山巒起伏，雲遮霧障，山下萬畝良田，蜿蜒百里，是長春地區理想的徒步登山目的地。

一九九六年，著名旅美畫家牛連和開始開發八台嶺景區，同時多次邀請吉林省著名民俗專家曹保明、長影著名影視藝術家靳喜武、著名導演李前寬等對八台嶺進行考察與策劃。現已建成大型關東民俗風情文化園——八台嶺古驛村落。其中，包括關東第一山門、八台嶺面具門、文官下轎、武官下馬牌樓、老城門、八卦經幡、生肖廣場、狐仙洞、磨坊、碾坊、場院、二人轉大戲樓、酒房、豆腐房、油坊、砲臺、鐘樓、大鼓樓、香火店、玩偶店、三寶堂、啤酒

▲ 八台嶺民俗風情園

屋、客棧、集體戶大院、生產隊、鄉等景點及設施。

　　二〇一四年，牛連和重點建設畫家村、香光寺和戶外宿營基地。畫家村主要包括油畫工作室、國畫工作室、彩塑工作室、書法工作室等。畫家村建成後，將成為東北地區最高端的藝術家創作基地。集教學研究創作、實驗工廠於一體的畫家村，通過引進藝術家，打造藝術品交易市場，最終形成文化藝術產業。

「長春人的阿爾卑斯山」──廟香山休閒旅遊度假區

　　國家 AAAA 級旅遊景區長春九台廟香山休閒旅遊度假區（長春九台廟香山滑雪場）位於九台市波泥河鎮，項目規劃總面積七百平方公里，經過幾年建設，滑雪場設施基本完善。目前已擁有六千平方米陽光雪具大廳，兩層陽光餐廳，五條雪道（其中一條省內最優一千一百米長的高標準初級雪道），一個單板公園，一條雙人吊椅索道，一條拖索，兩條魔毯，一個飆車樂園，一條山地

▲ 滑雪場景

自行車賽道，景區道路和配套設施完備。

　　在廟香山休閒旅遊度假區就能感受到那如詩如畫的景象，鵝毛大雪，漫天搖曳，舞動飄落，大片大片堆積在一起，覆蓋了城市和鄉村，淹沒了土地和樹木。嗷嗷嚎叫的大北風，瘋狂地抽打著大地。一道道被風雕刻的雪坎子，有時也寧靜得像一幅幅令人無限遐想似懂非懂的抽象畫。雪場上熙熙攘攘的人群，穿梭往來，做著各式的動作。再看那條最高、坡度最大的雪道上，滑雪者腳踏滑雪板，飛一般地衝向坡底，身體在飛旋中激起的雪霧飛揚，煞是驚險刺激。整個度假景區都是一派朝氣、昂揚、向上的氣氛。來到廟香山人們就能感受到，生活好似滑雪一樣，不斷地挑戰一個又一個高難動作，永不停息，永無止境，讓你的心不老，生命永遠年輕。

　　長春廟香山休閒旅遊度假區依託和充分發揮資源優勢，將打造以冰雪運動為核心，集娛樂、觀賞、住宿、餐飲、購物為一體的綜合性旅遊度假區，成為遊客休閒度假勝地。

▲ 廟香山滑雪道

第五章

文化產品

　　經過即是歷史，傳承的才是文化。在九台文化漫長而曲折的發展進程中，創造了許多獨具特色的文化產品。這些文化產品代表了九台文化的精華，並且肩負著傳播的使命。在實現「中國夢」的偉大征途上，這些優秀的文化產品必定能夠將九台文化傳遞給九台人，傳遞到更遠，傳遞給久遠的未來。

來自田間的藝術 —— 其塔木農民畫

二〇一三年長春民博會期間，位於五號館內的一個小展位吸引了眾多參觀者。這裡展出的是九台市其塔木農民畫，一幅幅生動的、充分展現東北農村生活面貌的繪畫作品令人發出嘖嘖讚歎。

據九台市其塔木農民畫協會主席邢國海介紹，其塔木農民畫已經第二次亮相民博會，作者都是地地道道的農民，在農閒時節集中時間進行創作，其作品多數以反映農村生活狀態為主，或寫實或抽象。

其塔木農民畫源於民間生活，由裝飾性的農家炕圍畫、鍋台畫、箱櫃畫、房屋山牆畫和簷角繪製畫等演變而來，借鑑剪紙、刺繡等傳統民間工藝，最早形成於二十世紀五〇年代末，是中國特殊的社會文化背景下產生的一種民間繪畫藝術。

清宣統年間，其塔木書畫藝術便已譽滿關東。當時人稱「吉林三傑」之一的成多祿就是其塔木書畫藝術的代表。成多祿不僅詩詞、書法享譽全國，也在家鄉留下了許多畫作。在他的影響下，其塔木產生了一批書畫作者。民國初期，滿族民俗畫匠楊軍，帶領本地農民為其塔木關帝廟、永吉縣鳳凰山玉皇廟、德惠縣半拉山慈寧寺進行塑像、繪畫。解放初期，文化站美工陸玉清一方面輔導培訓農民繪畫作者，另一方面深入農戶家中為家具繪畫。經過長期的傳承與發展，其塔木民間繪畫逐漸形成了獨

▲ 二十世紀七〇年代九台農民畫創作培訓班，圖為縣文化館老師輔導學員

特的風格。

　　繼陸玉清之後，其塔木文化站站長王業星成立了農民繪畫小組，通過製作幻燈片，繪製連環畫，為農民畫的興盛奠定了堅實的基礎。二十世紀七〇年代，其塔木文化站站長王慶陽帶領農民掀起了農民畫創作熱潮。當時，人民公社社員紛紛揮起畫筆，描繪著各自心中的革命激情。在他們的影響和帶動下，農民美術活動遍及九台。在各級政府的支持下，全縣農民業餘美術作者發展到三百多人，其中，有普通社員，有基層幹部，有年過半百的老人，也有十幾歲的少年，形成了龐大的創作隊伍，創作作品上萬件。

　　一九七四年國慶節前夕，九台縣舉辦了全縣農民畫展覽。一九七五年四月，由吉林人民出版社編輯出版了農民畫集《揮筆畫江山》，收錄了王曉明（現吉林省美協主席）、臧紹良等作者二十多幅作品。九台縣農民連環畫學習班還出版了《長安烈火》（1975年10月吉林人民出版社）、《火燒孔家店》（1976年1月吉林人民出版社）等連環畫。九台市的農民畫空前活躍，聲名鵲起，代

▲ 九台工農兵業餘美術骨幹在創作農民畫

表人物除上述提及外，還有王夜星、姜興淼、關雲德等。

二十世紀九〇年代以來，九台農民畫表現手法和形式得到進一步豐富，參與人數也進一步增多，隊伍逐步壯大。九台市連續兩年在其塔木鎮舉辦了農民畫展，新、老作者拿起畫筆，描繪著九台新農村、新農民、新農業的嶄新面貌，國家、省市相關媒體相繼進行了報導。這一時期，又湧現出王碩林、梁宇、高桂苓等一批新一代農民畫作者。

歷史上，其塔木多民族高度融和發展，漢族、滿族、回族、朝鮮族等民族文化傳統相互影響、融和。農民畫恰恰是誕生於這塊黑土地上的民間藝術奇葩。她印證著不同時代的發展軌跡，展示了人民群眾的精神風貌。

作為一種吉林省非物質文化遺產資源，其塔木農民畫吸取了多種民族文化、地方文化和民間繪畫藝術，是對剪紙、刺繡、雕刻藝術的延伸，具有明顯的地域性、民族性和時代性。在內容上，其塔木農民畫源於民間生活。在勞動

▲ 二十世紀七〇年代出版的九台農民畫集和連環畫冊

閒暇之餘，農民們滿懷激情描繪農村的民俗風情，生動記錄了時令輪迴、清溪游魚、青山綠水、叢草茂禾、春播秋收，見證了農民五穀豐登的喜悅、忙中偷閒的農家生活、原汁原味的民風習俗、發家致富的期盼以及對美好生活的嚮往，淋漓盡致地刻畫出農村的農家樂生活。

在藝術表現上，其塔木農民畫主要表現農民自己的生活和思想感情，在形式上自由隨意，經常借用民間美術，如剪紙、刺繡、皮影等造型方法，在畫法上沒有既定的框框，不求形似，不講透視，總體上呈現出熱烈、明朗、質樸、稚拙的藝術風格。

從工藝技法上看，其塔木農民畫注重色彩效果，追求強烈的感覺印象，敢想敢畫，注重生活情調，表現民俗風情。其塔木農民畫把現實和理想美妙地結合起來，在顏色運用上非常大膽，明快、和諧、鮮活，在構圖上不拘一格，點、線、面穿插呼應，生動靈活。

▲ 其塔木農民畫

為了保護其塔木農民畫，九台市成立了農民畫協會，制定了長遠保護計劃。通過進一步全面深入細緻地開展普查工作，不斷挖掘新人；將普查所獲資料全部歸類，整理、建立電子檔案。在文化館建立農民畫室，每年投入五萬元資金，定期組織農民畫培訓工作；每年舉辦一次農民畫展覽；每年參加國家級大賽，參加各級「民博會」，力求創造更多的社會價值和經濟價值。

　　九台，這塊黑土地，以它質樸、淳厚、火熱的民風民俗，充滿朝氣的現實生活，形成了激活現代民間繪畫藝術的土壤，賦予了草根藝術家們創作的激情與靈感。其塔木農民畫猶如九台這片土地上眾手澆灌出的一朵絢麗的奇葩，正展現出迷人的風采。

九台傳統文化品牌——《九台詩詞》

《九台詩詞》是九台詩社的社團刊物，自一九八六年九台詩社成立之日起，已不定期出刊了八期，在省內外獲得很高評價，成為推介九台的窗口和展示九台的著名傳統文化品牌。

《九台詩詞》第一集由楊子忱主編，薛富有題寫刊名。第二集至第八集由聶德祥主編。其中，第三、四、五集由原吉林省委書記、中華詩詞學會副會長強曉初親自題寫刊名；第六、七、八集由著名書法家金中浩題寫刊名。

《九台詩詞》以刊發本地作品為主，同時收錄省內、外詩友作品，也刊發一些詩詞評論、理論探索和紀念性文章。現已刊發本地作者上萬首詩詞作品，培養了一大批詩詞作者。部分優秀作者在省內乃至國內都擁有較高知名度；許多作品在各級詩詞大賽中獲獎。可以說，《九台詩詞》代表了九台詩詞創作的整體水平。

另外，自第六集始，《九台詩詞》還增設了「九台詩社活動紀事」欄目，翔實、生動地記錄了九台詩社的發展歷程。此舉為省內眾多兄弟詩社讚賞，並紛紛加以效仿。

《九台詩詞》的出刊不但為本地作者提供了一個展示自己才華的藝術平台，也引起了諸多省內、外詩家、書家的關注。吉林省軍區原副司令員鐘英、長春日報副總編林克勝、著名詩人文中俊、著名書法家姚俊卿、公木、強曉初、王沂暖、郝幼權、易洪斌、金意庵、張岳琦、陸景林、張福有、吳文昌、翟致國、周維傑、蔣力華、景喜猷等先後為《九台詩詞》題字、題詩，提高了《九台詩詞》的知名度和影響力。

與時俱進的文聯刊物——《柳風》

　　《柳風》文學季刊由九台市文聯主辦，是九台文化對內展示的平台和對外宣傳的名片。《柳風》正式創刊於二〇一三年初。刊名採用聶德祥的提議，因九台得名於清代柳條邊，柳更能體現出九台的地域特色和歷史淵源；風取義於《詩經》中的《國風》，代表了一方風俗。刊名由陳海峰題寫，現已出刊五期。

　　《柳風》本著「立足本土、面向群眾、緊跟時代、繼承傳統」的創刊宗旨，精心設置了「小說大千」「散文天地」「柳笛花語」「邊台雅韻」「春圃新苗」「吾鄉吾土」「文藝評譚」等七個欄目，正文一百二十頁，外加八個彩頁，共一百二十八頁。主要刊出本土及外地作者的小說、詩歌、散文、評論等文學作品和書法、攝影、美術等藝術作品，為廣大文學愛好者提供了施展才華的空

▲ 《九台文藝》與《柳風》

間。其中「文藝評譚」欄目已連續推出楊子忱、王小妮、焦成千、丁志闊等一批從九台走出，或正在九台生活、工作的優秀詩人、作家的作品及賞析；彩頁重點推介牛連和、關雲德等具有全國知名度的藝術家，受到各方廣泛關注。同時，也吸引了來自全國各地的優秀作者踴躍投稿。

《柳風》是九台文聯緊跟時代步伐，與時俱進的又一豐碩成果。如果要追溯其前身，那還要從九台文聯的成立說起。九台市文聯於二〇〇三年三月二十日，經九台市編制委員會發文批準成立；二〇〇四年六月五日召開九台市文學藝術界聯合會第一次代表大會，正式成立九台市文學藝術界聯合會。同年，創辦會刊《九台文藝》，此後共印刷出版了四期；該年還建立了九台文聯網站。

二〇〇八年，九台文聯把過去的《九台文藝》改版為《九台文藝週刊》。該刊以每期五千份的數量，覆蓋了全市城鄉各個角落，三百一十個村。該週刊五年間共發行二百四十期，為九台培養了一大批文學、藝術愛好者。二〇一三年，《九台文藝週刊》停辦，改版為容量更大，更易保存的《柳風》。

無論《九台文藝》《九台文藝週刊》，還是現在的《柳風》都是展現當代九台人精神面貌和城市建設的一個重要窗口，是引領九台文化風尚的重要標竿。

採擷歷史的珍珠——《九台文史資料》

　　《九台文史資料》始編寫於一九八六年，至今已出版七輯，一百四十餘萬字。其中，第一、二、三輯由范國良主編，第四輯由楊德清主編，第五、六、七輯由馮九川主編。所收錄內容涉及九台歷史上政治、經濟、軍事、科技、文化、遺聞逸事等各個領域。其撰寫者有飽經滄桑的百歲老人，有學術造詣深厚的專家學者，有經歷過土改的老幹部，還有教師、醫生、工人、農民等等。由於很多資料都是經歷者或見證者親筆寫出，所以更加翔實、生動。如三十八軍軍長梁興初中將關於張麻子溝伏擊戰的回憶；為解放軍擔任過嚮導的王志安關於焦家嶺圍殲戰的敘述；郭德輝回憶自己與閻魁、吳瀚濤、劉哲等人的交往等。

　　雖然，有些撰寫者早已離開人世，但他們提供的資料卻填補了一般歷史記載的空白和不足，匡史書之誤，補檔案之缺，輔史學之證，並在一定程度上達到了「信史」的高度，顯示了獨特而珍貴的史料價值。無論是對於專業研究人員，還是普通愛好者都具有重要意義。

▲ 《九台文史資料》

繁花似錦——九台出版文藝作品一覽

　　九台是座有著濃厚文化氛圍的城市，自古以來就人才輩出，尤其是改革開放以來，九台文化得到了空前的發展和繁榮，九台文化人也陸續出版了一大批優秀作品。這些作品是無比珍貴的精神財富，鼓舞著九台人民在建設美好家鄉的征途上闊步前行。本節收錄的是至今仍在九台生活工作的九台人出版的文藝作品，以出版時間先後為序，以第一部作品出版時間為準。

楊子忱《山影集》《人生版圖》，1989年，時代文藝出版社；
　　　《松花江傳》《男兒的山女兒的河》，1995年，遼寧民族社出版；
　　　《楊子忱詩詞選集》，1992年，香港南洋社出版等68部。
袁惠民《袁惠民黑白木刻選集》，1990年，香港南洋出版社。
聶德祥《試劍集》，詩集，1991年6月，南洋出版社；
輯　印《礪劍小札》，1993年12月；
　　　《虎嘯集》，詩集，2011年3月，吉林人民出版社；
陳希國《歲月暢想曲》，散文集，1992年12月，金陵出版公司；
　　　《無花果》，散文集，1995年5月，金陵出版公司；
　　　《綠柞枝》，散文集，1998年11月，延邊人民出版社；
　　　《傾心石》，散文集，2003年3月，吉林人民出版社；
　　　《情繫神州》，散文集，2006年12月，吉林大學出版社；
　　　《九台地名及其傳說》，2007年12月，吉林大學出版社；
　　　《百寶囊》，百科知識，2010年11月，雅園出版公司；
　　　《海外萍蹤》，旅遊散文，2013年12月，吉林人民出版社。
張星海《詩苑留痕》，詩集，1994年10月，時代文藝出版社；
　　　《愛在卡倫湖》，詩集，1998年11月，延邊人民出版社；
　　　《咫尺天涯》，詩集，2003年1月，中國文聯出版社；

《張星海詩選》，詩集，2004 年 10 月，中國文學藝術出版社；

《紅塵留白》，詩集，2007 年 12 月，北京燕山出版社；

《古今新韻》，詩集，2013 年 12 月，吉林大學出版社。

薛富有《彤雪齋詩集》，詩集，1995 年。

郭亞洲《寒雨集》，詩集，1995 年 8 月，金陵書社出版公司。

蘇　黎《蘇黎詩稿》，詩集，1996 年。

王　晶《眼淚噴嚏和唾沫》，雜文集，1992 年 7 月，雅園出版公司；

《智慧人生》，散文集，1999 年 12 月，雅園出版公司；

《謀略人生》，散文集，2000 年 12 月，雅園出版公司；

《省悟人生》，散文集，2002 年 12 月，朝代文藝出版社；

《熱情的廢話》，散文集，2004 年 4 月，吉林大學出版社。

韓志君《太陽魂》，詩集，1997 年 4 月，《詩神》雜誌社；

《心香》，詩集，2001 年 11 月，雅園出版公司；

《我比你笨》，幽默漫畫，2005 年 9 月，北方婦女兒童出版社；

《一窩蠢蛋》，幽默漫畫，2005 年 9 月，北方婦女兒童出版社；

《飲馬河畔》，影視劇本，2009 年 9 月，吉林人民出版社；

《還陽草》，劇本，2010 年 5 月，吉林大學出版社；

《倬佛劇作選》，劇本，2011 年 12 月，吉林人民出版社；

《劍膽琴心映海棠》，文學作品集，2013 年 6 月，吉林大學出版社。

於景陽《三園拾零》，散文集，1997 年 5 月，時代文藝出版社。

成　符《陰霾》，長篇小說，1998 年 6 月時，代文藝出版社。

陳青松《迎迓青春》，散文集，2000 年 12 月，吉林人民出版社。

霍　銘《落榆錢兒》，散文集，2004 年 12 月，北方婦女兒童出版社。

王文亮《雨中的風鈴》，散文集，2004 年 4 月，吉林大學出版社。

王鳳立《月光家園》，文集，2005 年 1 月，北方婦女兒童出版社。

金寶森《星光下的群山》，散文集，2005 年 1 月，北方婦女兒童出版社。

丁志闊《小心，女人》，長篇小說，2005 年 5 月，珠海出版社；

　　　《政治生命》，長篇小說，2007 年 4 月，江蘇文藝出版社；

　　　《派出所》，長篇小說，2008 年 1 月，國際文化出版公司；

　　　《百年關東》，長篇小說，2008 年 4 月，中國工人出版社；

　　　《孩子，爸爸其實不想和媽媽離婚》，長篇小說，

　　　《機關男人》，長篇小說，2008 年 4 月，文化藝術出版社；

　　　《官賭》，長篇小說，2010 年 8 月，作家出版社；

　　　《官心病》，長篇小說，2011 年 4 月，江蘇人民出版社；

　　　《並非桃色》，長篇小說，2012 年 6 月，重慶出版社。

楊乃久《燭光語絲》，散文集，2005 年 6 月，北京教育出版社。

馮耀實《心韻》，詩集，2006 年 12 月，吉林大學出版社；

　　　《情韻》，詩集，2009 年 10 月，吉林大學出版社；

　　　《神韻》，詩集，2011 年，吉林人民出版社。

孫　維《古樹放歌》，詩集，2007 年 7 月，吉林人民出版社。

何紅楓《紅楓一葉》2008 年，吉林大學出版社；

　　　《秋山拾葉》2012 年 7 月，吉林大學出版社。

魯祥晟《邨夫詩選》詩集，2009 年，雅園出版公司。

王坤生《詩書畫塑作品集》，2009 年 9 月，長春出版社。

常東華《常青藤》，詩文集，2009 年 10 月，吉林人民出版社。

劉　琦《商戰》，長篇小說，2009 年，陝西師範大學出版社；

　　　《親親柳條邊》（孟曉冬、關云德合著），長篇小說，2010 年，吉

　　　林大學出版社。

孫成學《柳條溝》，長篇小說，2010 年 3 月，雅園出版公司。

國鳳義《國鳳義漫畫》，2010 年 8 月，中國文獻出版社。

孟曉冬《親親柳條邊》（劉琦、關雲德合著），2010 年，吉林大學出版社；

《善良就是苦》，報告文學集，2014年，時代文藝出版社。

焦世國《翰屑集》，詩集，2011年3月，吉林人民出版社。

于　海《深宵瑣記》，文集，2011年6月，吉林大學出版社。

朱長志《你知道嗎？》，2011年7月，吉林出版集團有限公司。

姜福生《生平逸事》，文集，2012年。

關玉田《吟詠說笑錄》，文集，2012年5月，香港銀河出版社；
　　　　《謎迷知音——燈謎自選集》。

韓國榮《愛在明天》，新詩集。

李振東《東之歌》，文集，2012年，吉林省攝影出版社。

胡士明《胡士明畫冊》。

傾聽天空的歌吟 —— 羅古村滿族鷹獵

　　二〇一〇年，吉林省農博會上，一位來自九台市胡家鄉羅古村的年輕人吸引了眾多遊客的目光。年輕人展示的是滿族鷹獵文化。

　　桀驁不馴的雄鷹，昔日藍天中的王者，成為年輕人相濡以沫的夥伴，時而靜靜地站在年輕人肩頭，機警地觀察著熙熙攘攘的人流，時而躍上年輕人的臂彎，伸展雙翅。這種人鷹之間默契到合二為一的奇異景象令遊客們眼界大開，嘖嘖讚歎。中央電視台《鄉約》欄目組對年輕人做了專題採訪。二〇一二年五月四日，吉林省文聯特授予鷹把式「吉林鷹王」的稱號，新一代鷹王橫空出世，新鷹王叫滕忠南。

　　鷹是滿族的圖騰之一，滿族人虔誠地崇拜著鷹。在重要祭祀活動中，第一位要祭拜的就是鷹神。由此可以看出鷹在滿族文化中的特殊地位。一六八二年，康熙皇帝在北京南郊校場閱兵。當他看見臂架海東青的御林軍從身邊颯爽走過時，詩興大發，脫口吟道：「羽蟲三百有六十，神俊最數海東青。性秉金靈含火德，異材上映瑤光璽。」

　　鷹獵是滿族人的傳統文化，即使在民族大融合的今天，羅古村依舊保持著這一傳統。羅古是胡家鄉九個自然村之一，處於吉林省滿族鷹獵文化圈核心地帶，羅古村一帶屬長白山餘脈，區域面積七百五十公頃，毗鄰松花江。這裡森林茂密，溝壑縱橫，樹木品種眾多，氣候宜人，物產豐富。每年進入十一月份，生活在俄羅斯堪察加半島上的鷹便飛越韃靼海峽到中國東北越冬，這裡是鷹過冬的首選之地。

　　羅古村是一個以滿族居民為主的山村，滕、李、趙等大戶多為滿族。優越的地理位置和勤勞勇敢的村民，產生了卓越的鷹獵文化，鷹獵文化在這裡傳承了三百五十多年。如今，羅古村鷹獵文化已正式進入吉林省非物質文化遺產名錄。

羅古村鷹獵分拉鷹、馴鷹、放鷹、送鷹四個步驟。

拉鷹就是捕鷹。每年秋分前後，在山坡向陽處用三塊石板搭起個「門」形支架，象徵著鷹神九層天上的金樓神堂，內放一塊山石，代表鷹神格格居住的神山。鷹把式插草為香，用酒祭奠後，便張網拉鷹。鷹網長約九尺，寬三尺。鷹網張開後，拴上一隻鴿子或公雞作為誘餌。鷹把式躲進用樹枝偽裝的鷹窩棚裡，靜候鷹的到來。有時要等幾天，有時則要等幾十天，全看運氣。這個過程稱為「蹲鷹」。鷹撲餌，網落被捉。鷹把式獲鷹後，首先要拜謝鷹神格格。

馴鷹也叫熬鷹。鷹把式把鷹放在黃菠蘿樹枝製成的鷹架上（黃菠蘿樹皮厚而柔軟，不傷鷹爪），幾天幾夜不讓它睡覺，以磨去它的銳氣。在這期間，鷹不能睡，熬鷹的人也不能睡。熬鷹的過程其實也是人與鷹之間比拚意志力的過程。等鷹臣服後，就可以對它進行一系列訓練，讓它聽人的指令行事了。

放鷹是利用鷹捕獲獵物。放鷹前要讓鷹處於飢餓狀態，這時的鷹肌肉強健，捕食慾望強烈。鷹把式將鷹架到肩膀或手臂上，站在高崗觀望。他的助手——「趕仗人」則一邊走，一邊大聲吆喝。野雞，山兔等受驚而出，鷹把式便將鷹放出。鷹發現獵物後如同箭一般直撲過去，鷹尾有小銅鈴，振翅叮作響，十分威武。

送鷹是把鷹放歸大自然。每年春天，萬物復甦，也是鷹繁育的季節，鷹把式要遵循古訓將鷹放歸大自然了。經過一個漫長冬季的相處，人鷹之間已經建立深厚的感情。送鷹的過程，往往難捨難分，鷹把式要一送再送，才能把鷹送歸藍天。

鷹把式把繫在鷹腿上的皮套都解開以後，鷹還是站在他的臂彎上一動不動。鷹

▲ 羅古村年輕的鷹把式在馴練獵鷹

把式抖動手臂，催促它離開。鷹舒展了雙翅，隨著鷹把式的手臂起伏就是不肯飛。鷹把式用力將它拋向空中，鷹撲扇了幾下翅膀，盤旋一圈又落回到獵人的臂彎上。鷹把式也是不捨的，他像愛撫兒女一樣撫摩著鷹的羽毛，趴在它耳邊「咋咋咋咋」地嘀咕一陣，再次把鷹拋到空中。這次鷹飛得高了，它在鷹把式上方盤旋三圈之後，終於飛向遠方。望著鷹消失在天際，鷹把式往往一言不發遲遲不肯轉身。

　　人與鷹都是大自然的孩子，羅古村鷹獵文化的精髓其實不是役使與掠奪，而是人與自然的和諧。正因如此，羅古村的鷹獵文化表演吸引了越來越多人的目光，成為一張鮮明的九台地域文化名片。

▲ 滿族鷹獵

原始的舞者 —— 九台秧歌

　　秧歌歷史悠久，起源於插秧耕田的勞動生活，它又和古代祭祀農神祈求豐收，祈福禳災時所唱的頌歌、禳歌有關，並在發展過程中不斷吸收農歌、民間武術、雜技以及戲曲的技藝與形式，從而由一般的演唱秧歌發展成為民間歌舞。據《中國戲曲劇種大辭典》，從秧歌發展、演變成的戲曲劇種，在全國劇種中所占的比例之高，相當驚人。可以說，秧歌為「百戲之源」。

　　九台傳統秧歌以「滿族秧歌」為主，其表演形式既有滿族秧歌的共性，也有區別於他處的地域特色，尤以沐石河鎮的「撅桿」和「打花棍」最為獨特。

　　「九一八」事變前，每逢年節，沐石河的秧歌熱鬧非凡，獨具一格的當屬撅桿。所謂的「撅桿」就是把一根長約五米的杉木桿置於兩個車　轆中間，桿頭上綁一把圈手椅。桿後頭兩個人推著走。打場子時，桿子後兩個人向下一

▲ 九台傳統秧歌

壓，桿頭便撅起一人多高，一抬手桿頭又落下。坐在桿頭上的人可以扮演各種角色。一邊扭一邊做令人發笑的動作，圍著桿子有四個人在地面上與桿頭上的人呼應戲扭。這樣，桿兒忽上忽下，桿下的人百般戲謔扭鬧，引起圍觀人群開心大笑，能使觀眾帶著興奮而歸，帶給家人的也是春節的歡愉。

「打花棍秧歌」是沐石河鎮樺樹村的特色秧歌。「花棍」是花棍秧歌的特有道具，也是「花棍秧歌」名稱的由來。顧名思義，花棍就是花色的木棍，用拇指粗的柳、臘木或竹竿做成。長一點二米左右，全部用紅、綠、藍、白、黃等顏料相間塗抹，或用彩紙相間纏繞。棍的兩頭各開一個五釐米左右小口，串上三個銅錢，再拴上五十釐米長的紅綢或綠綢。

花棍秧歌隊少則二十幾人，多則三五十人，表演形式主要有大場、中場、小場。一般開始和結束為大場，即以變換隊形為主的大型集體舞，表演人數一般在十六至六十人之間，主要表演不同隊形的變化。常用隊形有「滿天星」「八卦陣」「單雙圓場」「二變一」「龍頭串」「單陣」「雙串」等。中場是五至十

▲ 九台傳統秧歌

人表演的打棍技巧。小場穿插於中場，是一至三人表演的帶有簡單情節的獨舞、雙人舞。

　　花棍秧歌的表演技巧主要有：「前後打」「左右擺」「拐肘打」「背肩打」「腳踢打」「掄花打」「十字打」「三角打」「對打」等。「前後打」是表演者雙手握棍、上下豎直、雙臂前伸，雙棍碰擊或雙臂後置碰擊，也可上舉頭頂或下伸大腿兩側碰擊；「左右擺」是表演者雙手握棍向左或右進行碰擊；「拐肘打」是彎起左（右）肘碰擊右（左）花棍；「背肩打」是左手花棍碰擊右肩，右手花棍碰擊左肩的交叉打擊；「腳踢打」是左（右）腳彎起踢打右（左）花棍的上部；「掄花打」是左右手花棍交叉上下左右輪番碰擊；「對打」即兩人面對面以相同的動作碰擊對方花棍；「十字打」和「三角打」即行進步伐中的花樣碰擊和隨身步扭動的旋律舞動打擊花棍。花棍在打擊時，發出有節奏的「啪啪」「嘩嘩」的響聲，悅耳動聽，綵綢飛舞，花棍旋轉，五顏六色，煞是耀眼。

▲ 鄉村秧歌健身活動

如今，樺樹村的「打花棍秧歌」已正式申報吉林省級非物質文化遺產。可惜的是，「打花棍秧歌」原有十二節，如今樺樹村中的老人只能表演出八節，另外那四節已經失傳了。

關東謎鄉的迷謎之音——營城燈謎

　　燈謎，是有別民間謎語的文義謎。利用漢字一字多義、多字一義，一字多音、多字同音和字形增減離合等特點，構成謎底、謎面，回互其詞，供人猜射，因宋元以來書謎於燈籠而得名「燈謎」「燈虎」。

　　燈謎是中國特有的一種民間文學，現已正式列入國家非物質文化遺產名錄。其涉及百科，包羅萬象，變化多端，寓意奧妙。製猜燈謎，可啟迪思維，鍛鍊智力，促進讀書，增長知識，提高文學修養，陶冶思想情操，寓教育於娛樂之中，獲知識於課堂之外。燈謎活動是一種高雅的、有相當文化品位的娛樂活動；謎家研討謎藝，則是一種學術活動。新中國成立後，特別是改革開放以來，燈謎社團和燈謎活動遍及全國。以營城燈謎為代表的九台燈謎活動應運而生，並在不斷發展、壯大的過程中形成了自己的特色，在全國具有一定影響

▲ 二十世紀八〇年代營城文化館組織營城煤機廠職工參加燈謎活動

力。

二十世紀五〇年代至七〇年代，九台域內已出現自發製猜，自娛自樂性質的活動，偶有作者的作品發表和徵猜。如二十世紀五〇年代末，關玉田在《吉林日報》發表謎作：「千里高坡望不盡（吉林地名）──長嶺」。

一九八〇年，營城煤機廠俱樂部燈謎組成立，俱樂部主任王長君兼任組長。王長臣、拱佩玉（女）、崔文峰等積極參與，也吸引許多外單位愛好者，如營礦張國棟、營貿公司寧甲風、宋毅等。一九八二年，該組「升格」為廠燈謎組（後改稱燈謎協會），直屬廠工會，開始參加省內外謎賽和交流。

此後，營貿公司由寧甲風、宋毅牽頭，營礦由王本久、張國棟牽頭，分別成立謎組（協）。一九八三年，營城文化館館長趙化林牽頭組建營城鎮文化館燈謎協會。營貿、營礦謎組（協）集體入會。謎協由鎮委副書記孫佩玲任理事長，王長君、趙化林、寧甲風等副之（後改稱燈謎學會，由後任館長孫佩江任會長）。

一九八二年，王長君、王長臣參加「青島之夏燈謎會猜」。「與虎謀皮」──為毛澤東詞「今朝更好看」配面，王長臣作「昨夜春雨潤桃紅」，被評為「十五佳」之首。

一九八三年元宵節，吉林、長春等四市燈謎會猜在長春舉行。營城鎮謎協加入長春市職工謎協。會上，謎作獲「十五佳」獎的有：寧甲風的「八仙過海（六字新語）──多種經濟形式」；王長君的「回眸一笑百媚生（成語）──真相大白」；王長臣的「姍姍來遲（電影）──不速之客」；張國棟的「話當年（字）──該」。「與虎謀皮」──為成語「蒸蒸日上」配面，王長臣、王長君、寧甲風、張國棟等八人獲「十五佳」獎，占了多半，謎面有「欣欣此生意」「小荷才露尖尖角」「長河漸落曉星沉」「雄雞唱徹紫霧開」「香爐生紫煙」等。

一九八三年秋，營城文化館館長趙化林組織首屆營城燈謎會猜，當地各單位謎協均派代表隊參賽。長春謎協秘書長王慶學和九台關玉田被特邀與會。一

九八四年至一九八五年，後任館長孫佩江又組織兩屆邀請函猜。三屆會猜，當時的九台縣政府、縣文化局、營城鎮、縣文化館領導都親臨賽場。會猜，對愛好者隊伍的擴大，謎作的繁榮，謎藝的提高和同外地的交流，起了積極作用。

一九八四年「首屆全國謎海探驪邀請賽」在丹東舉行。九台以縣文化館和營城鎮文化館名義，組成九台和營城兩隊參賽。二十七支代表隊經過緊張激烈的角逐，九台隊榮獲銅杯。關玉田、魏奇獲「全國優秀製謎手」獎；寧甲風、孫佩江獲「全國優秀燈謎手」獎；宋毅、張繼新等自薦謎獲「百花獎」。關玉田的論文《談「撞車」》在會刊《天外銀河》發表。

二十世紀八〇年代中期以來，九台謎事得到蓬勃發展，佳績迭出。一九八七年，九台星火謎社成立，關玉田任社長。該社既有九台和原營城的謎壇宿將，又有巾幗謎人和燈謎新秀。它多次與縣（市）文化館、財政局、人事局、銀行、街道辦、婦聯、劇場、文物所、體校等單位聯辦晚會懸猜，還協助政協在委員活動日中懸謎猜射。營城文化館謎協多次與省內報紙聯辦新春會猜，均獲圓滿成功。

在一九八七年「愛我中華，振興長春」謎會上，王長君、王長臣、寧甲風、關玉田、陸占山、張國棟被評為「最佳製謎手」。關玉田在會刊上發表兩篇論文，《標目應準確適度》《成句易字增謎趣》。後者修改後刊發於《知識窗·神州謎苑》。本屆謎會與一九八九年「吉林省紀念建國四十週年燈謎菁英賽」，九台星火謎社與營城文化館謎協，均獲佳績，榮獲獎狀。

此後，九台謎人參加了「新春樂」「新華杯」「未來杯」「迎亞運」「花色謎」「百謎頌中華」等諸多全國和國際猜射、創作大賽。關玉田獲特等獎和「燈謎狀元」稱號各一次，及亞運會紀念章二枚；獲一等獎的有關玉田、王長君、王長臣、張國棟；獲二等獎及以下的有寧甲風、陸占山、宋毅、孫佩江、崔文峰、盛曼妹等。

幾十年來，九台謎家、謎手創作了大量燈謎，從近百則到近萬則。《中華當代謎海》《海內外燈謎精選》《千家燈謎》等謎書，及全國各種書報刊，選

登了許多九台人的謎作、謎論。《中華謎報》為之出過數次專版。

　　九台的一些謎事、謎人，或被載入權威辭書，或被文化、新聞媒體報導。《中華謎語大辭典》收入了九台星火謎社和營城文化館燈謎協會及其主要成員。《中國當代藝術界名人錄》中輯有「關玉田」詞條。眾多新聞媒體，以及吉林省電視台曾多次報導、播放營城鎮的謎事活動。營城鎮也被省文化廳正式命名為「關東謎鄉」。

　　燈謎活動，不僅活躍了人們的文化生活，為精神文明建設做出了貢獻，通過廣泛交流，還大大提高了九台市在海內外的知名度。

草根兒也精彩——九台民間絕活

　　九台市民間藝術家協會成立於二〇〇四年四月，由王鳳文擔任第一、二屆協會主席。多年來，協會始終致力於群眾文藝活動的普及與推廣，除了擁有關雲德、王挺起等聞名全國的藝術家外，還聚集了一批身懷絕技的民間奇人。他們在央視《鄉約》節目、「全國農民春晚」、長春農博會、東北亞博覽會等場合頻頻登台表演，引起各方媒體廣泛關注，為九台文化，乃至吉林文化增添了一抹神祕、亮麗的色彩。

石姓家族薩滿「火煉金神」

　　火煉金神，也叫跑火池，所祭祀的是石姓家族頭輩太爺、大薩滿崇吉德。整個祭祀過程，大神和栽力不僅需要有極大的膽量，還要有高超的技藝根底，才能取得成功，否則容易燙傷腳趾。

▲ 石姓家族薩滿跑火池前的準備活動

首先要在院中由大栽力主持布設壇場。在離正房前約十丈遠的地方放一張天地桌，桌上放著用紅紙蒙著且盛滿高粱米的升斗，升斗中插著三把高大的黃香，升斗前橫放著插著一桿大旗的幡旗架子，旗是黃色的，上面彩繪著一隻威武的飛虎。

　　跑火池前要做兩項準備工作，即所謂「生火」和「淨足」。「生火」就是把堆放在壇場中間的幾千斤木炭引燃，並讓人用簸箕將火扇旺，再用大板鍬將炭火鋪成南北走向的長十二米，寬兩米，厚十五釐米的炭火池，揀出木炭中的石塊或鐵釘等物，以免在跑火池時扎傷了腳，鋪好後再用大板鍬拍平拍實，火池就算鋪成了，只見金花飛濺，火舌飛舞，火池兩旁在十幾個簸箕的圍扇下，烈焰騰騰，一尺多高的火舌翻捲著淡藍色的熱浪，發出駭人的響聲，炙人的熱浪將圍觀的人們烤出幾米之外。

　　與此同時，將要參加跑火池的薩滿和栽力們，每人一隻水盆，用由井中挑來不落地的「淨水」洗腳，即所謂的「淨足」。傳說如果不把腳洗乾淨，就會

▲ 石姓薩滿和栽力表演跑火池

褻瀆神靈，跑火池中就得不到「聖火」和神的保護。

　　一切準備就緒後，便開始拜神和請神。大薩滿和栽力們在拜請神靈時都特別認真。請神先在神堂內進行，再繞著升斗歌舞，當繞升斗歌舞到第三圈時，薩滿突然精神大振，唱腔也立時高亢起來。大薩滿立即帶領眾位栽力繞火場跑回門外，邊唱邊用鼓扇向熊熊烈焰，本應這火是越扇越旺，可是火勢現在卻越扇越弱了，說明大神封住了火，正式的火煉金神就要開始了。當火焰只剩下半尺來高時，大神用敏捷的步子跑上紅得發白而又呼呼作響的炭火，手拿各種兵器的眾位栽力相隨跑上了炭火，一趟、二趟直至五趟，口中喊著「呵」子，一雙雙赤足將熊熊烈焰踏得火花四濺，讓圍觀者目瞪口呆，令人費解。這時，薩滿帶領栽力在節奏明快的鼓聲中回到神堂進行「送神」和「謝神」的儀式。

　　跑火池的祭儀，把石姓家族對所崇拜的頭輩太爺崇吉德這位祖先英雄的高超技藝和威風凜凜的雄姿，以及他們對火特殊的崇拜，展現得十分生動和具體。由此反映了生活在塞北的滿族人對火的熾熱感情，顯示了他們勇敢、機智、強悍的民族性格。跑火池的驚險、神奇、壯觀，是現在很難看到的。這也是信仰薩滿教的北方民族曾經盛行的一種古俗。

王玉蓮的樹葉畫

　　王玉蓮，滿族，一九六一年生人，現任九台市第二中學美術教師，九台市民間藝術家協會理事。她擅長在樹葉上作畫，或剪或刻或描繪，無論山水、花鳥、人物都表現得栩栩如生。一九九九年，她的樹葉畫被中央電視台拍成紀錄片，各大報刊紛紛予以報導，「樹葉畫」由此風靡全國。二〇〇〇年，應其塔木烈士陵園籌備委員會之邀，王玉蓮用樹葉為在其塔木戰鬥中犧牲的二百零一位烈士塑像，並無償捐獻給烈士陵園。吉

▲ 王玉蓮的樹葉畫作品

林電視台、遼寧電視台、長春電視台等眾多媒體予以宣傳報導。

王業興的根雕

　　九台根雕與吉林市浪木根雕同出一源，都取材於松花江特有浪木。松花江在九台大地蜿蜒流淌，帶來了較為豐富的浪木資源，由此，也催生了九台的根雕藝術，產生一批根雕師。王業興便是其中的佼佼者。幾十年來，他創作了許多根雕藝術精品，多次參加全國美展並獲獎。

▲ 王業興的根雕作品

王坤生的泥塑

　　王坤生，現任九台市民間藝術家協會副主席，雙川文化協會主席。他泥塑技藝高超，特別塑造人物像，逼真、生動，在全國許多廟宇、寺院都有其作品，知名度很高。

▲ 王坤生的泥塑作品

潘玉星的麵人

　　潘玉星，1971 年生人，九台市上河灣鎮人。其曾祖父是民間麵塑藝人，咸豐年間，在山東菏澤街頭擺攤賣麵人維持生計，後來輾轉來到吉林境內落戶。小時候，潘玉星的祖父為了哄他開心，經常捏一些麵魚，麵花，然後蒸煮給他吃。這激起了潘玉星對捏麵人的興趣。2007 年，潘玉星創作了抗震救災、安全消防等麵塑作品；2012 年，自創盤式麵塑，用盤子做紙，用麵做筆，在盤子上做各式各樣的麵塑作品，代表作有《十二金釵》《西遊記》《十八羅漢》等。省、市電視台及《長春日報》等媒體紛紛予以報導、推介。2013年赴趙本山影視基地為小瀋陽、趙四做塑像。潘玉星的麵人作品形象真實、生動、色彩豔麗，深受人們喜愛。第七屆中國長春民間藝術博覽會上，潘玉星榮獲「特殊貢獻獎」。

▲ 潘玉星和他的麵人作品

鮑志嶺的葫蘆

　　鮑志嶺，一九六九年生於吉林省九台市，民間自由藝術家，自幼對繪畫有濃厚的興趣，師承藏少良、胡世明、高爽三位老師，學習素描、色彩，為從事

▲ 鮑志嶺的葫蘆作品在長春農博會上大受歡迎

美術創作奠定基礎。

　　自二〇〇〇年以來，鮑志嶺對葫蘆的美術工藝創作產生濃厚興趣，在葫蘆作品的創作過程中，不斷擴展自己的思路，不斷挑戰嘗試新的技法，以不同的技法、不同的風格將中國傳統的吉祥寓意圖案等完美地體現在葫蘆上，以達到很強的藝術感染力和視覺衝擊力。陽雕的《百福圖》，刀法細緻入微；以印章的形式雕刻的《百祿圖》、以漆畫技法的《四海龍騰》和《清花瓷瓶》、浮雕的《龍騰盛世》、鏤空雕刻的《龍鳳呈祥》、漆刮的《福虎圖》等作品，巧奪天工。二〇一二年八月，鮑志嶺葫蘆作品代表九台參加第七屆中國（長春）民間藝術博覽會和農博會，深受人們喜愛，很多作品已被海內外友人購買收藏或作為珍貴禮品餽贈親朋好友。

王鳳文的玩火絕活

　　人都說水火無情，可是在九台偏偏有一位玩火的大師——王鳳文。王鳳

文，一九四二年生，現任九台市民間藝術家協會主席。他的玩火絕活有「吃火」「吐火」「吃炭火」「吃紅杏」「捋紅條」等，其中「吃火丸子」「口腔燃火」「手指燃火煎雞蛋」是他所獨創。除了「玩火」之外，他還有「吃針紉線」等拿手絕活。

王鳳文一九九一年被吉林省文化廳授予「民間絕活藝術家」稱號。他在新加坡、台灣、廣州、長春四家電視台聯合主辦的「一九九四南北賀新春聯歡會」上演出，節目向東南亞國家播放；二〇〇四年至二〇〇六年，在吉林省電視台《天才衝衝衝》之絕活大比拚中，表演《手指燃火煎雞蛋》《口腔燃火》等絕活，獲「最佳奇人絕技表演獎」；在《新文化報》舉辦的「絕活大擂台」中被評為「絕活高手」。此外，他還參加過湖南、湖北、中央電視台等電視台和其他大型文藝活動演出。

「吃火丸子」絕活表演：先把紙或棉花揉成團，似丸子，然後用筷子夾著蘸上汽油用火點燃，最終把火丸子吃進口裡，火在口裡燃燒一會兒再熄滅。

▲ 王鳳文在中央相約欄目表演吃火丸子

第六章——

文化風俗

《漢書‧藝文志》載：「古有采詩之官，王者所以觀風俗。」由此可見，中國很早就重視對風俗的研究。古老的《詩經》便是各地風俗的結晶。從彩雲之南，到大漠之北；從白山之巔，到大海之畔，「百里不同風，千里不同俗。」正是這絢爛多彩的民俗風情塑造了中華文明最神祕、最率真、最親切的一面。

　　九台的一方水土養育了一方九台人，一方九台人又構成了九台的一方風俗，本章將為您展現九台風俗的精彩。

▌主要生活習俗

九台位於東北腹地，得天獨厚的地理、資源優勢，使其自古就成為各民族文化的交融之所。東北四大古民族、來自全國各地的流放者、懷揣夢想的「闖邊人」……都曾在這裡駐足、定居，最終形成了豐富的歷史遺存。因此，九颱風俗既有吉林風俗的共性，又有許多自己獨特的地方。

服飾

新中國成立前，九台農村民眾多穿筒腰便褲。上衣以對襟、抿襟兩種式樣為常見。其中抿襟衣服有長短之分，長者為「大布衫」。無論是對襟、抿襟、長袍、短褂，紐扣多以「蒜瓣疙瘩」代之。富家穿的是綾羅綢緞，貧苦農民則以粗布為衣料，且一件衣服要縫縫補補穿上許多年。農村中的富裕人家常常用獸皮或棉絮做成「套褲」（只有褲腿而沒有褲腰的腿套）待秋末冬初天氣漸涼時套在腿上以免受寒。淪陷時期，偽職員著「協和服」或西服，學生穿學生制服。鄉紳名儒多穿長袍馬褂，其女眷屬穿旗袍或長裙。

新中國成立後，長袍短褂日減，旗袍匿跡。代之而興的有中山裝、列寧服（三開領，兩排扣，帶卡腰）。到二十世紀六〇年代末期，僅有少數農民仍沿襲舊的便服樣式。「文革」時期，批判「奇裝異服」，使草綠色軍裝風靡一時。八〇年代始，除了經久不衰的中山裝，西服又為人們所接受。服裝款式、色彩，向多樣化發展。

新中國成立前至建國初期，人們多穿手工的衲底布鞋。冬季鄉民在野外勞動多穿「軌鞭」。到二十世紀六〇年代，穿膠鞋、皮鞋者日漸增多。現在，鞋的種類、樣式有增無減，手工布鞋幾近絕跡。

新中國成立前富人多戴瓜皮帽。政界人士、社會名流，戴禮帽者不少。農民夏季在田間勞動，都戴草帽，俗稱「葦笠頭」，冬季則戴各種皮帽，以狗皮帽居多。新中國成立後，瓜皮帽、禮帽消失，人皆戴各色制帽。冬季仍為各種

皮帽，樣式不斷改進。二十世紀六〇年代末到七〇年代，黃軍帽風行一時。二十世紀八〇年代始，帽子的樣式顏色大增。

飲食

在飲食方面九台人多喜黏食，通常有豆包（黃麵糰）、火燒兒（黃麵餅）、菠蘿葉餅等。莽卡鄉人在黏米麵的吃法上還有獨到之處，他們先把和勻的黃麵揉成扁形小麵糰，放在鍋中煮熟；再以小豆加各種佐料熬成湯汁，俗稱「小豆糜子」；然後將煮熟的黃麵糰泡在湯汁裡進食。這種食物，當地人叫作「水糰子」。此外，有些人喜吃餎餎，就是將玉米浸泡發酵，然後磨成水粉麵，再用餎餎床子壓成麵條煮食。現在這種吃法日漸減少。

餃子是人們節日必用食品，特別是春節，從農曆正月初一到初六，幾乎每日必有一頓餃子，即使在舊社會的窮人家，平時吃糠咽菜，到年三十晚上，東挪西借也要吃上一頓餃子。東部地區的人們現在仍有年前包凍餃的習慣，大約在農曆臘月二十七前後，街坊鄰居互相幫忙，包的餃子多達一兩千個，凍後收藏在缸裡，春節一到食用方便，其味與新包的餃子無異。新中國成立前，九台人多以小米、高粱米為主食。淪陷時期，日偽統治者禁止中國人吃大米。新中國成立後，生活逐步改善，大米、麵粉增多，但農村仍以小米、玉米、高粱米等粗糧為主。進入二十世紀八〇年代後，主食多為大米、麵粉。

副食方面，春季以白菜、韭菜、菠菜、角瓜、土豆為主。夏季蔬菜較多，有豆角、芹菜、辣椒、西紅柿、茄子、黃瓜、土豆。土豆為四季常菜。現在由於菜農們利用塑料大棚或溫室培育蔬菜，城鎮居民在冬季裡也可以吃到鮮菜。秋末，約農曆十月初，農家忙於用白菜醃酸菜；同時，家家以蘿蔔、芥菜、疙瘩、雪裡蕻為主醃鹹菜，以備來春青黃不接時食用。此外，農民還常常把土豆、黃瓜、豆角、茄子、辣椒等蔬菜或切成條或切成片，或穿成串，曬乾，藏為冬用。豆腐也是九台人喜食的主要副食之一。大約在農曆二月初，家家烀醬；人們習慣在農曆四月初八、十八、二十八下醬（大醬塊子弄碎入缸）。豬、牛、羊肉為九台人主要的肉食。

住所

　　房舍住宅方面，舊時九台人修建房屋，要請「風水先生」選地，定向口，謂之選「陽宅」。如果是在同一村莊，在鄰家的旁邊隨著人家的向口去修建，那就不必選陽宅了。民間建房一般都是坐北朝南，可根據地形確定向口，還要看地面上水從哪邊來往哪邊去，這叫水主渠流。不論從東往西流，還是由西向東流，如果能在家門前存住一部分水，然後再流去為好，日子就能財源茂盛。倘若水窩不住，那叫財源流失，家道難興，為人所忌。上梁戳排時，凡鄉鄰親友都要送紅掛綵，若是沒人贈送彩紅，就自家事先準備一條紅布掛在梁上，以示喜慶吉利。舊社會有錢人家在建房上梁時，要給木匠師傅一壺酒，木匠接過酒來不喝，將酒澆在梁上頭腰尾三段，邊澆邊唱喜歌：「澆龍頭，福長流，祖祖輩輩做王侯；澆龍腰，壽祿高，祖祖輩輩當閣老；澆龍尾，日子肥，當家的明似鏡清如水。」之後，東家要賞給每個木匠一份喜錢。在屋內設置上，九台

▲ 民國時期九台人的裝束

東部與西部不同。東部習慣於三間正房中間開門，進屋為廚房，分東西兩臥室。而西部則習慣於三間房一頭開門，進屋也為廚房，兩臥室相連。民間蓋房最少為兩間，逢蓋四間時，其中一間要略小於其他三間，名「三間九」，因「四」與「死」諧音，故被忌而避之。正房蓋好後，如果再蓋東廂房時，東廂房的舉架必須比正房低二寸；蓋大門洞要比東廂房低二寸；蓋西廂房要比大門洞低二寸，不准「喧賓奪主、以小欺大」。這種建房習俗由來已久，現在仍有沿襲。不過隨著生活水平的日漸提高，在房屋設計上，不斷推陳出新，農村蓋房逐漸城市化，越來越多的家庭安裝了「土暖氣」、搭了「地炕」，用上太陽能，建成走廊、客廳、臥室、衛生間相配套的現代化居室，與城市樓房布局幾乎無異。

節日習俗

立春

　　立春是一年中的第一個「節氣」。「打春陽氣轉」，每至立春，九台人多有「啃春」的習慣。即在「立春」的時分裡吃生蘿蔔，意在消除疾患，振奮精神，積蓄力量，以便在新的一年裡有個新的奮鬥成果。

龍鳳日

　　正月二十五，也叫填倉節。這天，人們起大早用草木灰在院裡撒成一個小囤子，中間放上各種糧食，象徵著今年五穀豐登。如今人們賦予「填倉節」以新的含義，每到此時，家家清倉掃囤，晾曬種子、修整農具著手備耕。

春龍節

　　農曆二月初二。傳說這一天是龍王抬頭的日子。民間流傳著「二月二，龍抬頭，大倉滿，小倉流」的諺語。每當春龍節來到，家家戶戶起大早，打著燈籠到井邊或河邊去挑水，回到家裡便點燈、燒香、上供，人們把這種儀式叫作「引田龍」。此外，人們往往選擇這一天剃頭，謂之「剃龍頭」，以求吉利。漢族人在這一天要吃豬頭肉，名曰「啃龍頭」，暗示一年有個好開頭，往後即可風調雨順。如今二月二吃豬頭肉的習慣仍被多數人沿襲下來。

清明

　　人們把寒食節與清明節等同並過。這天，人們會用不同的方式祭奠亡靈。機關單位和各校師生在這天則列隊去祭掃烈士墓。獻花圈，默哀悼念，使後人不忘革命先烈的豐功偉績。過清明，人們已將傳統的吃冷食而不動煙火的舊習摒棄，但在食物的安排上仍有區別於平時之處，一般是攤煎餅、烙火燒兒或者烙春餅，也有的人家包餃子。

六月六

　　「六月六，看穀秀」，此刻正是穀物秀穗的時候。鄉民在這天要蒸椴樹葉

子餅（有人稱之為「黏耗子」）。此外，還有的人家蒸豆包或火燒兒，總之，都要吃上一頓黏餑餑。

入伏

常言說「冷在三九，熱在三伏」。入伏，即說明了節氣已進入一年中最熱的時候。人們有入伏吃麵條的習慣，名曰「吃伏麵」，意在強身健體，消除疾病。

立秋

立秋意即秋天的開始。人們習慣於立秋之日食乾而不食稀。多數人家在這天吃包子、饅頭或餃子，名曰：「搶秋膘」。

臘八

農曆十二月初八，俗稱「臘八」。每到這天，家家戶戶都要吃「臘八粥」（用五穀雜糧摻入花生、栗子、棗、核桃仁、糖等原料在微火中慢慢煮熟做成的混合粥飯）。它香甜可口，營養豐富，是寒冬臘月的飲食佳品。現在，九台人做臘八粥已不那麼複雜了，多為「黃米大豆粥」。

小年

臘月二十三，九台人稱之為「過小年」，也是「祭灶日」。家家在鍋台後供灶王爺，一副對聯帖在兩邊。上聯，上天言好事；下聯，下界保平安；橫批：一家之主。到了「小年」這天，人們把麥芽糖、饅頭、水果之類食品供在灶王爺畫像前，再燒上幾炷香，希望他上天后，用甜蜜的嘴巴多說人間好話，入夜便送灶王爺「升天」（焚其畫像）。一直到農曆臘月三十（除夕），再把新灶王爺畫像貼上去。自二十世紀五〇年代後，人們逐漸破除這一迷信活動，「小年」僅僅作為春節的序幕仍然被人們保留下來。

春節

春節是中國民間最盛大、最熱鬧的傳統節日。每當臨近臘八，人們就開始殺豬宰羊、磨米磨麵、做豆腐，忙忙碌碌地辦置春節用品，俗話「忙年」。從臘月二十三「小年」開始，一直到除夕，這段時間是人們的「掃塵日」，家家

戶戶都要掃塵土，清垃圾，打掃門庭；家中的衣服、被褥，用具都要洗刷一新，整潔乾淨地辭舊迎新。到了除夕這天，人們把寫好的或買來的春聯，貼在門的兩側，橫批下配有「掛籤」（帶有一定圖案的五彩剪紙），為節日增光添彩。春聯，俗稱為「對子」，它以工整、對偶、簡潔、精練的文字，描繪時代背景，抒發美好的願望。在貼春聯的同時，家家還要在屋門、箱櫃、牆壁等處貼上大大小小的「福」字，夾之有「抬頭見喜」的條幅，以示對幸福生活的追求。此外，在院中豎起燈籠桿，掛上紅紗燈。各家有供「老影」習慣，「老影」即祖宗畫像。沒有祖宗畫像，可供「家譜」；沒有「家譜」，則供「三代宗親」，做到「清晨三叩首，早晚一爐香」。現仍有少數人家沿用這種習俗。大約在除夕這天下午的兩點鐘前後，家家爆竹齊鳴，戶戶爭相開飯。這頓飯要盡量做到家人齊聚，共進晚餐，名曰「團圓飯」。菜裡不可缺少雞和魚，內含「吉慶有餘」之意。除夕之夜，大家徹夜不眠，以待天明，是謂「守歲」。接近子時（零點）還要吃頓夜宵，通常叫吃「接神餃」。「接神」即迎接財神、喜神到來。除夕一過，從「歲首」開始，親朋好友，左鄰右舍互相走訪祝賀，見面都要問聲「過年好」，是謂拜年。過去晚輩給長輩拜年要磕頭，長輩則賞以「壓

▲ 春節前人們紛紛上街採購年貨，圖為母親為孩子挑選燈籠

歲錢」。現在，磕頭的禮儀越來越少見，取而代之為鞠躬致敬。春節期間走親訪友，都要餽贈糕點等禮物，如帶孩子串門，主人要給孩子「壓歲錢」。

元宵節

　　農曆正月十五為元宵節。民間有「正月十五走百病」的說法。夜幕降臨後，無論大人還是小孩都要走出家門，祈求一年平安健康，因此，元宵節的夜晚十分熱鬧。從機關單位到各家各戶，都掛起各式各樣的綵燈。文化部門則組織燈展活動，各單位把能工巧匠們製作的各式綵燈聚集在一起進行展覽，樣式新穎、技藝超群者評為優秀，以資鼓勵。秧歌隊到處可見，晚上更為可觀，秧歌隊裡每人手中一盞綵燈，如花似錦，目不暇接。在營城鎮和九台市內，文化部門還舉行猜謎活動，把寫好的謎條掛在主要街路兩側，猜中者獲獎留念。在民間，還偶有「打花臉」「滾雪」的舊習。「打花臉」即是人們戲鬧之時，趁別人不注意，將鍋底灰或其他顏料抹其臉上以驅邪避鬼。現在，迷信的色彩沒

▲ 元宵夜九台的花車彩燈

有了，人們只是圖個快樂而已；「滾雪」則是在雪地裡翻滾，以求除災祛病。無論城市還是鄉下，人們還有燃放煙花爆竹和「撒路燈」的習俗。「撒路燈」，將事先拌好柴油的鋸末每隔一段距離放置一堆，從家門口兩側一直延伸到路邊，然後點燃。頭些年，也有燒廢舊輪胎的，由於污染嚴重，已基本消失了。在飲食上，家家戶戶都要吃元宵，或蒸或煮或炸，以盡美滿團圓之意。

端午節

農曆的五月初五為端午節。端午節的前幾天，人們就開始辦置節日用品，除了改善伙食所需要的主副食外，人們要把麥秸、馬蘭根用綵線紮成小蓋簾、小笤帚；用花布縫內裝香草的小口袋，戴於孩子們的大襟上。此外，還要從街裡買回用各種彩紙做成的花籃和葫蘆掛於門窗之上。端午節的早餐多數人家吃餃子、粽子和煮雞蛋。

在九台市裡，人們有端午登東山採艾蒿的習俗。端午節的前一天傍晚，就有年輕人三五成群帶著帳篷來到東山上，野餐、打撲克，在山上過夜。端午節這天，人們都趁著太陽未出之時，紛紛來到東山上採擷艾蒿，回來後，將艾蒿插在屋簷、門楣、窗櫺上，認為可以驅蟲避邪。其他地方的人則到附近的野外去採艾蒿。

中秋節

農曆八月十五為中秋節，民間有「祭月」之舉。當明月高高昇起的時候，人們把桌子放在庭院中，擺上月餅、瓜果、衝高高的明月拜罷，便一邊吃著月餅、瓜果，一邊天南地北地閒談。吃月餅意味著闔家團圓，萬事如意。

生產習俗

　　九台的社會經濟結構，長久以來就是多元並存的，除了傳統的農業生產之外，還包括漁獵、礦業、商業、金融、手工業等。正是這種多元結構，給九台留下了豐富多彩的生產習俗。

農業生產習俗

　　在九台農業發展的漫長歷程中，出現過許多獨具特色的生產工具。這些生產工具如同化石，濃縮著它所代表的時代的文明，也展現著九台人的勤勞與智慧。

　　耕犁，以前的犁多為木製，清晚期由於冶鐵業的發展，有些耕犁改用鐵鏵，省去犁箭，在犁梢中部挖孔槽，用木楔來固定鐵鏵和調節深淺，使犁身結構簡化而又不影響耕地功效，也使耕犁更加堅固耐用，既延長了使用時間，又節約了生產成本。

　　點葫蘆，傳統播種用具。種地時，跟在耰耙後，用於播種穀子、高粱等寬

▲ 耕犁，俗稱犁杖，木製，傳統翻地、春耕起壟、蹚地用具

▲ 點葫蘆

▲ 耲耙，東北地區一種種地的農具

▲ 打場

▲ 石頭碾子

播作物種地點種的工具，由四個部件組成：裝種子的葫蘆，有的是葫蘆，有的是鐵盒，有的是布袋，或者是沒有鞣的豬皮；筒子；篦子，根據種子顆粒大小，下種量多少確定篦子密度；點種棍，用來磕打筒下種。

磙子，一種農具，通常是中間粗兩頭略細的石頭圓柱，裝在軸架上，用以播種以後把土軋實。

碾子，由碾台、碾盤、碾滾和碾架等組成。碾盤中心設豎軸，連碾架，架中裝碾滾子，多以人推或畜拉。碾盤和碾滾上分別由石匠鏨刻著很有規則的紋理，其目的是增加碾製糧食時的摩擦力，通過碾滾子在碾盤上的滾動達到碾軋加工糧食作物的目的。九台大多數農村的石磨、碾子和轆轤水井等都是公用的。

石頭碾子，傳統打場（脫粒）用具，石製，圓柱形，外粗裡細，裝有軸架，用馬、牛牽引，成組使用。使用時先把欲脫粒的作物及穗鋪成一圈，然後上碾子反覆碾軋，用於穀子、高粱、大豆等帶皮殼作物的脫粒。

揚掀，為木製掀板。人們將收割後的稻穀或者麥子，先鋪在場院上打場，使穀粒或者是麥粒脫離草稈，然後把脫

▲ 使用碾子磨米時的情景

粒後的糧食堆起來，一掀一掀地揚，使糧食中的雜物隨風飄走，這就叫揚場。
揚場分為「揚有風」和「揚無風」兩種。
「揚有風」是等起風時揚場。迎著風向，
將穀物一掀一掀地向空中拋，穀物就是
「一字」形落在揚場人身邊，而雜物卻
隨風飄到較遠的地方：「揚無風」是指
在沒有風的情況下揚場，這就要很有技
巧，拋出去的穀物需呈「月亮彎」型，
才能使穀物與雜物自然分開。總之，揚
場是農活中的技術活，不是一般人都能
操作的。

▲ 農民們使用揚掀揚場時的情景

　　扇車，由車架、外殼、風扇、餵料
斗及調節門等構成，主要用於清除穀物
顆粒中的糠秕。操作時將糧食放進上邊
的餵料斗，手搖風扇，餵料斗下邊就有
風吹過，開啟調節門。穀物在重力作用

▲ 扇車

▲ 大車

▲ 扒犁

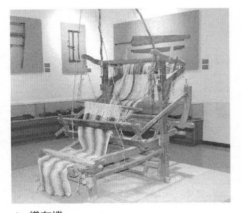

▲ 織布機

▲ 笆籮

下會緩緩落下，密度小的穀殼及輕雜物被風力吹出機外，而密度大飽滿的穀物直接流到下邊出料口。這樣，就把糠秕與穀物分開。

大車，車架形同現在的馬車，但木軸木輪，木輪周邊鑲鐵圈，笨重異常。即使如此，亦非一般農家所能擁有，二十世紀五〇年代即被膠輪大車所取代，現在多用機動車等機械運輸。

織布機，最早的織布機是席地而坐的踞織機（也叫腰機）。使用方法是用足踩織機經線木棍，右手持打緯木刀打緊緯線，左手作投緯引線的姿態。這種足蹬式腰機沒有機架，卷布軸的一端繫於腰間，雙足蹬住另一端的經軸並張緊織物，用分經棍將經紗按奇偶數分成兩層，用提綜桿提起經紗形成梭口，以骨針引緯，打緯刀打緯。腰機織造最重要的成就就是採用了提綜桿、分經棍和打緯刀。這種織機雖然很簡單，但是已經有了上下開啟織口、左右引緯、前後打緊等三個方向的運動，它是現代織布機的始祖。

笆籮，是用柳條或篾條手工等成編的盛器，幫較淺，形狀因用途而異，多用來盛穀物。在九台滿族百姓家，小笆

▲ 簸箕，農村生活用具，柳條編製，用於糧食
灌裝，簸去糧食糠皮等雜物

▲ 席簍，傳統盛器，秫秸皮編製，用於裝雞蛋、
糠麩等物

▲ 傳統鏟地場景

▲ 春耕場景，用牛犁起壟

▲ 現代農業生產

▲ 升斗，傳統量器，木製，上寬下窄，有底，
用於稱量糧食。十升為一斗，十斗為一石，
裝黃豆一斗約五十斤

籠放炕上盛煙末，家家炕上都放著一個煙笸籮。煙笸籮只有碗大小，放在炕上，和火盆擺在一塊，來人去客都用得著，就像現代家庭中的煙灰盒或煙缸一樣是必備的家庭用具。

漁獵生產習俗

　　九台境內山嶺縱橫、水系發達，漁獵資源十分豐富。牛頭山水庫、柴福林水庫、卡倫湖、石頭口門水庫等都是重要的傳統漁場。其中，石頭口門冬捕和柴福林冬捕已發展成為旅遊項目，每年都吸引眾多來自四面八方的遊客，「石頭口門野生魚」更是人們競相追逐的美味。

　　九台漁獵生產歷史甚至可以追溯到新石器時代。漁獵生產方式不斷更新，漁獵生產工具也是名目繁多。

　　拉網捕魚，以岸灘或冰上為基地捕撈沿岸或冰下水域魚類的作業方式之一。拉網一般為長帶形，網具上、下綱分別裝有浮子、沉子。大型網具多用機械或畜力拖拽和收拉網具，小型網具多用人力操作。放網時先將網具放成弧形

▲ 石頭口門水庫冬捕，祭河神時的場景

包圍圈，通過拖拽收拉網具兩端的網綱，逐步縮小包圍圈，直至將網具拉到岸邊收取漁獲物。石頭口門冬捕和柴福林冬捕都是使用大型拉網。石頭口門冬捕時，一天打上近十八萬斤鮮魚。

抬網，一般寬兩米長三米，兩端各串上一根細竹棍。使用時，二人站在水中，各握緊網端，把網幅拉伸，靜靜地將網面斜著切入水中。網的下邊貼近河底，二人同時向一個方向移動幾步後，然後將網子平抬起來。此刻不能再把網拉伸，而是讓網面的中部下墜，若是網內有魚，必然都集中在網子下墜的中部。二人用不著伸手去捉，只需對著河岸把網一拉一拋，魚兒便拋到岸上草叢裡。岸上打下手的人，便會迅速將魚放進魚簍或水桶。抬網捕魚多應用於淺水。

旋網捕魚，先將旋網繩子頭繫在左手，把繩子收好，將旋網三分之二收到左手，然後將有鉛墜的網底一層收在左手，大約收三分之一，右手收剩下那些，稍微剩下點，背對水池，用盡全力將網甩出。旋網捕魚多應用於魚池。

▲ 石頭口門水庫冬捕，出漁時的場景

除上述三種作業形式外，還有滾籠、掛子、釣竿、魚叉等方法，多適用於小規模捕撈，或休閒娛樂。

營城煤礦拜「老君爺」

傳說中的「老君爺」主管三昧真火。而煤礦最忌諱的就是「火」。「火」在煤礦自然災害裡排在首位，而且損失嚴重。所以，開煤礦的地方，或者是家裡有人在煤礦謀生的人都供奉「老君爺」，挖煤人更把「老君爺」看作是自己的祖師爺。

新中國成立前，九台境內各家煤礦生產技術落後，都採用原始的手工採煤法：礦工先把油燈壺掛在撐子面的棚上，用手鎬掏槽、手釺子打眼，然後用撬槓一點一點往下撬，再將撬下的煤裝進口袋。裝滿後，將二百來斤的煤口袋背在背上，嘴裡叼著熏人的油燈壺，一手把著口袋嘴，一手拄著棍兒，貓腰走出坑道。不論巷道多遠多陡，必須得一氣背到坑口。這種條件下，礦工生命毫無保障，冒頂、失火等事故層出不窮，至於工傷殘廢、病餓凍死的礦工更是數不勝數。

為愚弄礦工，資本家在煤礦附近修建老君廟，要礦工在每年十二月十八

▲ 新中國成立前的營城老君廟

「老君爺」生日那天進行祭拜。他們從礦工那裡拿錢買來豬羊等供品和香蠟紙碼，礦工們還要自己掏錢「進香」，在「老君爺」面前磕頭以保佑平安。

新中國成立後，隨著生產技術不斷提高，煤礦安全事故已大幅下降，但拜「老君爺」的習俗卻一直沿襲下來。與舊社會不同的是，現在拜祭「老君爺」不是由礦工掏腰包，而是企業花錢買供品。祭拜儀式結束後，企業還給礦工們放假。在這一天，礦工們可以盡情地喝酒，祈求一年平平安安。

除了煤礦，九台境內還有許多採石場，以東湖鎮和土們嶺鎮較為集中。採石場有拜「山神爺」的習俗，其寓意和形式與煤礦拜「老君爺」大同小異。

▌特色美食

九台四大名點

沐石河榾頭、營城礦山大麵包、土們嶺山野菜包子和上河灣麻花被稱為「九台四大名點」，多年來一直深受九台和外地人的喜愛。

「沐石河榾頭」是本地獨有的美食，以麵粉烘烤製成，形似饅頭，初嚼時十分筋道，甚至還有些乾硬，卻越嚼越香甜。吃的人往往是嚼得兩腮發酸仍不忍罷口。「營城礦山大麵包」是新中國成立後國家配發給下井礦工的午餐，工

▲ 沐石河榾頭

▲ 營城礦山大麵包

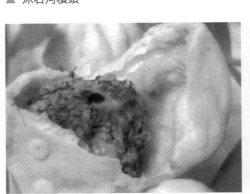

▲ 土們嶺山野菜包子

▲ 上河灣大麻花

藝講究，個大，深紅色，雞蛋多，香甜鬆軟，口感獨特，深受人們喜愛。「土們嶺山野菜包子」新中國成立前就已聞名遐邇，以純天然，健康，營養著稱，如今更是吸引來自五湖四海的美食客特意趕來品嚐。「上河灣大麻花」歷史悠久，口感獨特，採用上等食用油，精製麵粉，甜美酵母油炸而成，具有色澤金黃，又香又酥又脆又好吃等特點。

龍嘉鎮白肉血腸、醬排骨

龍嘉鎮（原名龍家堡鎮）素有「關東美食第一鎮」之稱，最有代表性的菜餚要屬白肉血腸和醬排骨。

白肉血腸由滿族那氏家族首創，用肥豬五花硬肋，加白水、調料煮透。將新鮮豬血加水和調料，灌入新鮮豬腸內，紮緊兩頭煮熟。食用時，將白肉、血腸蘸蒜泥、韭花醬或辣椒油等調料。白肉肥而不膩，肉爛醇香，血腸明亮，鮮美細嫩。再配以精美佐料，如韭菜花、腐乳、辣椒油、蒜泥等，更加醇香鮮嫩。

▲ 龍嘉鎮的白肉血腸

龍嘉醬排骨在調料使用上很有講究。為讓口味更加獨特，要加入祖傳的秘製調料。更主要的特色來自於主料的選用上，要選擇大約三四塊就有一斤左右的帶骨頭的活肉，大塊排骨經煮燉後往往會更加鮮美，香氣撲鼻。

上河灣乾豆腐

上河灣乾豆腐以優質東北大豆為原料，經過選料、浸泡、磨糊、過濾、煮漿、點滷、壓榨成形等多道工序製成，營養豐富，含有鐵、鈣、磷、鎂等人體必須的多種微量元素，以「乾、勁道、薄」聞名域內外。

紀家土豆粉

紀家土豆粉是以當地優質土豆為原料，不加任何膠質成分，配備營養豐富的精品菜，並運用「醉香齋」專用配料，以高湯為主燴製加工而成。其風味香醇誘人、滑潤爽口、柔軟筋顫。不過，吃紀家土豆粉最重要的一點就是要配上辣椒，色澤鮮亮，香辣可口，只是一聞，就會讓人直流口水，吃上一口，更是妙不可言。

▲ 新中國成立前的紀家粉房晾粉場景

▲ 紀家土豆粉

田野泉大豆醬

在東北人的生活方式中，大豆都始終扮演著一個極重要的文化角色。醬香已經滲入了東北的飲食文化，成為東北人飲食中的一個重要部分。田野泉大豆醬選用吉林地區優質大豆為原料，用三十米深井水加工。東北傳統做工，自然發酵，以大缸為容器，陽光照射天然釀製而成。由於每年只生產一次，釀造週期長，產品蘊含著得天獨厚，利於健康的因素，返璞歸真，接近自然，體現綠色，醬香脂香醇厚，保持了大醬原汁原味和發酵時產生的特殊香氣，並顯示出濃郁的東北特色，屬精釀之極品。

土們嶺特色食品

土們嶺鎮群山環繞，擁有大面積天然次生林，自古以來就以風光秀美享譽吉林。成多祿曾有《過土們嶺》詩讚歎：

一路穿紅葉，車聲出土門。洞煙數十里，炊影兩三村。枯樹迷樵徑，荒田沒水痕。偶逢田父語，烽火指邊屯。

土們嶺原始無污染的生態環境孕育出無數山珍野味。每年都有來自五湖四海的遊客專程到這裡一品綠色、營養、健康的山野菜的獨特風味。以「碧子藍」為商標的開心松子、開心榛子、山核桃和山野菜更是熱銷於北京、上海、天津、青島、西安等十多個大中城市。

▍滿族特色生活習俗

　　滿族人在東北寒冷的環境中生活，形成了獨特的居住習慣。民間住房一般修蓋三間或五間不等，草頂土牆，起脊房屋皆南向。在南和西兩面開大窗戶，窗皆向外開，窗戶紙糊在窗櫺外邊，院中有影壁，影壁北面中間立有「索羅桿子」。

　　房屋若五間時，室內分東西屋和堂屋。西屋南西北三面成圈炕，俗稱萬字炕。長輩住南炕，晚輩住北炕，炕邊放有描金大櫃，炕上放著煙笸籮，冬季取暖還放有火盆。南北炕分別用幔帳隔開。西炕不住人，因為西炕牆上供有祖宗板。堂屋正迎房門，多是小輩住處，東屋

▲ 滿族火盆

也是晚輩居住。廚房設在堂屋北面，煙囪高，砌在外面。

　　隨著時代發展，滿族民居也逐漸走向現代化，但在九台松花江沿岸的滿族聚居村落仍可見到傳統的民居，莽卡滿族鄉至今仍保留著一座超過百年歷史的滿族老屋。

　　滿族頭飾分男、女頭飾兩種。男人辮髮，女人結髻。滿族的辮髮由來已久。一一二九年（天會七年），金太宗曾下令，凡女真人皆留辮髮，不如式者處死。所謂辮髮就是男子剃髮，自頭頂中間留有長髮，梳為長辮，垂於腦後。頂髮四周邊緣剃去寸許。這種髮式直到民國後才終止。滿族婦女的髮式，姑娘梳辮子，婚後開臉，開始在頭頂上結髻。這種結髻髮式九台和關內又有區別。九台滿族婦女的頭飾是戴頭髮撐子。撐子用銀絲或鏡絲製成，將頭髮用紅頭繩束於頭頂，按上「頭髮撐子」，再把頭髮分兩縷纏繞在「頭髮撐子」上，插上

▲ 滿族繡花鞋

▲ 靰鞡鞋

金製或銀製的扁方簪子和絨花等秀麗的裝飾品。另外還有耳飾，戴上金製、銀製或鑲有翠玉的各式鉗子。手指戴上嵌有珠翠金製的戒指，俗稱手鐲。手腕戴上玉翠或金製的鐲子。滿族婦女髮式的特徵至今在莽卡滿族鄉仍然可見。至於穿鞋，鄉間男人喜穿靰鞡，便於生產勞動和狩獵。女人則穿繡花的鞋，鞋底的腳掌和腳跟部分不著地，腳心處嵌方木一塊，包一層布著地行走。

　　為適應騎射生活，長期以來，滿族男人都穿戴緊身窄瘦的纓帽箭衣。這種袍服，衣袖較窄，其端加半圓形「夾袖」，也叫前袖，腰束布帶。這種服飾很方便，在人們的日常生活裡，無論是從事生產勞動，或是行軍打仗，又輕便，又靈活。

　　滿族婦女多穿旗袍。在鄉間的旗袍，實際單的就是大衫；棉的就是棉袍。隨著時代的前進，旗袍式樣也不斷地新式化，由肥變瘦，並有長袖短袖之分。經過不斷改進，到現在，樣式演變為：直領，袖短窄，右開大襟，釘扣袢，緊腰身，衣長到膝下，兩側開叉，有的還鑲邊。婦女們穿上這旗袍，既莊重，又大方。

　　滿族人一直從事農業生產，種植五穀

▲ 旗袍

▲ 滿族圍裙

▲ 枕頭

雜糧，也進行採集狩獵。滿族人的主食是小米，並喜黏食。根據季節，飲食方面也有變化。春季忙種，多做豆麵餑餑；夏季天長，多做黃麵豆包或用菠蘿樹葉子包豆餡餑餑，或做黃麵水糰子；秋季收割之時便做黏糕餑餑；冬季易於放置食物，同時也接近

▲ 搖車

春節，便大量做黃麵豆包、小米麵豆包和黏糕（年糕）。在正月間，除吃白麵餑餑外，更多是吃這些黏的食品。副食方面，滿族人愛吃白片肉、汆酸菜粉湯和血腸。在滿族人家吃飯首先擺在桌上的是四個菜碟，然後一般多用六個或八個炒菜來招待親友。菜必成雙，就是平素家裡來客人只炒一樣菜，也必分為兩盤或碗裝之，這樣以示尊敬。

▲ 蓑衣

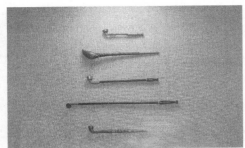

▲ 煙袋

滿族人家生孩子滿月後，放在木板製的長形搖車裡（似船形），用繩吊在屋樑上，來回悠蕩。搖車塗紅色，並有金色繪花和「長命百歲」字樣。

▲ 撥力錘子

滿族一向有尊敬長上，重視禮節的優良傳統。早在後金天命十一年（1620年）時，清太祖努爾哈赤就已明文規定「晚輩敬謹之禮，對長輩，在途中忽然相遇時，如果騎馬要下馬跪下叩頭，讓路通過；如果坐著時，跪下請安；如果設宴時，跪下叩頭」。從此，尊敬長上重視禮節的風氣就已形成，並有所發展，一直相沿至今不廢。就是在日常生活中，晚輩必須每天向長輩請安問好，少輩媳婦早晚也必須給公婆裝菸。當長輩在座，兒孫輩都不能與老人並肩同坐，而要在一邊垂手站立。

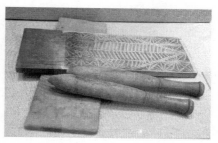
▲ 砧板、棒槌

通常情況下，男人行請安禮，一般叫打千，就是右腿向前邁半步，雙膝彎曲，右手垂下；女人行蹲安禮，就是雙手按大腿下蹲，道萬福。長久時間不見的長輩親友，則行叩頭禮，亦行三跪九叩禮。

▲ 木桶

親友來家串門先讓菸，後捧茶。客走時，全家老少依次都送出大門外；回來時也同樣按長幼次序，長輩在前，小輩在後。

▲ 轆轤井

滿族婚喪嫁娶

　　滿族有句諺語：「男大當娶，女大當聘。」大凡男的到十七至十八歲，女的到十九至二十歲，就得選一個門當戶對的人家結婚。滿族人家娶媳婦，總要娶一個年歲比男的稍大一些的，來家好操持家務，孝敬公婆。

　　結婚的過程，先是男方家長托媒人到女方家去問聘，這叫作「問門戶」。若女方家長表示同意，男方家的長輩至親到女方家去「相看」，如果雙方都滿意就擇定日期，先過「小禮」。由男家給女家拿去訂婚的四樣禮品——粉條、首飾（金簪、手鐲等）、衣料和酒。接著又選擇吉日「過大禮」，也是由男家長輩至親攜帶布匹，綢料、金銀首飾和粉條四樣禮品及錢。去過「大禮」時定準娶親日期，通知女方家長，並徵得同意。

　　結婚時，一般都是三天。第一天擺桌，第二天過嫁妝，第三天娶親。當女家將嫁妝送到男家的次日吉時，新郎同娶親奶奶坐著喜車，攜帶離娘酒和離娘肉到女家去迎親娶婦。到女家大門前，女家不能立即開門迎入，須稍等一段時間方能開門，叫作「憋性」。

　　等新郎把新婦娶到家裡，便在院中供桌前上香，雙雙跪下「拜天地」。新郎用秤桿揭開蒙在新婦頭上的蓋頭，新郎、新婦緩步入室，共同坐下，名曰「坐福」。接著「拜堂」，「拜堂」時先拜祖先後拜父母，接著依輩次拜長親。這時長親有的送手鐲，有的贈金簪，有的給錢，名曰「上拜」。在這些過程中都燃放鞭炮，並吹喇叭，奏喜樂。

　　晚上新郎、新婦喝「交杯盞」，褥被底下放筷子，表示快生孩子。三天后，新郎同新娘攜帶禮品到女家去串門，名曰「回門」。

　　滿族的喪葬儀式一般也是三天。第一天入殮。第二天開吊，也叫弔孝，祭奠死者並慰問家屬。第三天出殯。喪葬儀式雖然簡單，但是與漢族截然不同。

　　當病人處於彌留之際時，家人首先要將室內西牆上祖宗板、香盤和祖匣取

下，用紅布或紅紙包好，放在另外潔淨的屋中，等到脫孝服後才能復原。

若死者為家中長輩，須將屋內外貼的對聯貼上一條白紙，並在三年內不貼對聯。若貼對聯，只可在第三年時貼藍色紙對聯，以示不忘哀悼。

滿族棺材內分上下兩部分，中間有一塊板隔著，外面上部呈脊形，叫旗材，區別於民材。如死者是老年長輩，兒孫穿孝服扎的布條色別不同。子女輩是白布條，孫輩是青布條，曾孫輩是紅布條。

三天後上墳添土，清明節和舊曆十月初一去掃墓，臘月三十晚上燒包袱，以示緬懷。

▲ 滿族婚俗

滿族年俗

滿族小孩就愛過年，因為過年大人能給做新衣服、買爆竹，有好吃的，給長輩拜年磕頭給壓歲錢，還跟著額娘們學剪窗花，糊紙燈籠，玩嘎拉哈等等，總之，過年是滿族小孩最快樂的時候。

每年臘月初六、初七，滿族小孩就會爬到附近的大山頂上，去撅年息花枝，邊走還邊唱著滿族民歌：

「今兒個臘七，明個兒臘八，上山去撅年息花，年息花，生性乖，臘七兒採，臘八兒栽，三十兒打骨朵，大年初一開……」。

每人撅一大抱回家，馬上找空瓶子裝上水，將年息花枝插入瓶子裡，放在窗檯或箱蓋上，再把多餘的花枝送給鄰居、親戚們。等到大年初一花就開了，給節日增添喜慶。

滿族民間有俗諺說：「小孩小孩你別哭，過了臘八就殺豬。」莊稼人每年都自己餵口肥豬，過了臘八就殺年豬，請街坊四鄰和族中長輩親友前來吃肉。這是滿族古老的傳統，客人吃得越多，主人越高興，往後的日子每頓飯菜都有肉吃。

臘月二十三，俗稱過小年。從這天起，全家人都要操辦過年了。首先打掃塵土，劈柈子，糊棚糊牆，棚中間貼上大圓棚花，四角貼角棚花，晚上阿瑪把灶王爺像揭下來，在北灶坑門前燒了，一邊燒一邊說：「灶王爺本姓張，騎著馬挎著槍，上天言好事，下界保安康。」然後全家人跟著磕頭，再將新買的灶王爺貼在灶王爺板上。額娘淘黃米，阿瑪領男孩去碾坊壓黃麵。晚上額娘把麵和好放炕頭發上，第二天蒸豆包、撒年糕。額娘蒸了一鍋又一鍋，擺到簾子上，抬到外面牆頭上去凍，然後裝到哈室（即倉庫）大缸裡。中午誰要餓了，就拿回幾個放在火盆上烤著吃。蒸完豆包、年糕後，額娘領著媳婦們晚上包凍餃子，屯中誰家包餃子都來很多人幫忙，因為哪家都得包千八百的。人多好幹

活，大傢伙兒連說帶笑不一會兒就包完了，媳婦們將餃子煮一些讓那些幫忙的人嚐嚐香不香。屯中就這樣你幫我，我幫你的，不幾天，各家的凍餃子就都包完了。

阿瑪選吉日趕集，買過年所需的東西。因為以前買東西，店鋪用紙給包好，所以買年貨又稱「打年紙」。回來後，家中上過學的人寫對聯，其他人貼掛簽，先往祖宗板上貼一張滿文掛簽，再貼屋、外屋門上，邊貼邊唱民歌：

「紅掛簽兒、藍掛簽兒過年家家貼掛簽兒，我家貼上黃掛簽兒，掛簽兒上邊有小孩兒，小孩兒抱個大鯽魚，鯽魚叼個五福錢兒。」

大年三十，滿族人叫過年而不叫春節，這天要單包些純肉餡的餃子，晚上接完神吃。下午，男人們打掃院子，將垃圾掃到大門外右旁，留著匯歲；還得有人在屋裡印包袱，滿族過年不上墳，而是在家門口燒包袱。所謂包袱，就是用木刻包袱牌，刷上墨，印在整張白紙的一頭上，再將白紙折成錢褡子狀。印完的包袱要寫上已故親人名諱，背面寫上「國寶流通」四個字，裡面裝上打印好的錢印。包袱糊單數，這是滿族的規矩。傍黑時，在大門外燒了，燒完要放幾個炮仗然後向火堆磕頭。

三十這天晚上全家人都不能睡覺，盼著半夜接財神。所謂接財神，就是向財神方向在院中放一張供案，供桌上兩頭擺一對大金字紅蠟，中間是香爐，兩盅酒，兩雙筷子，兩擺饅頭。蠟台上還各掛一大串銅錢，俗稱「壓歲錢」，寓意明年能財源不斷。在院中財神方向攏一堆木頭火，寓意為財神照亮。半夜子時，男人們在院子裡攏火、放炮仗、點蠟、上香開始接神。接完神得向財神方向磕三個頭，然後撤供。阿瑪將攏完的炭火扒到火盆裡，端到屋裡去，說這是滿族傳統保留的火種。接完神，把桌子放好，端上各種熱菜，必須有魚，取吉慶有餘之意。煮熟的餃子頭一碗，放到外屋歪立媽媽神位前，第二碗，放在祖宗板下的箱蓋上，然後才能端上桌。全家人要先給祖宗板磕頭，阿瑪先磕，然後額娘磕頭，這時阿瑪給孩子們壓歲錢。晚輩接錢後要說聲「謝」，全家人磕完頭才能吃年夜飯。吃完年夜飯，還要到堂子去給老祖宗磕頭，然後回來睡

覺。

　　第二天一早，新娶的媳婦由大伯嫂子領著給族中長輩拜年。小孩們也要給長輩們拜年，磕完頭後，長輩們讓吃糖果，瓜子款待，近支長輩們也給小孩壓歲錢。

　　正月初二、初三，嫁出去的姑奶奶們便紛紛帶著丈夫、孩子回娘家拜年，帶上四樣禮品，還有至近親戚家都要帶禮品去串門、拜年。

▲ 滿族年俗

滿族過年時有許多媽媽令，也就是禁忌。例如不許剃頭，說正月裡剃頭死舅舅，不許洗腳，怕臭大醬，更不能說不吉利的話。因為滿族人歷來有「一雞二鴨，貓三狗四，豬五羊六，人七馬八，九果十菜」之說。初一這頓晚飯一定要燉小雞和蘑菇，滿族俗諺說：「初一無雞不成席，三十無魚不成宴。」再困難的人家這兩頓飯雞魚是不可少的。

正月十五晚上要撒路燈，家家用穀糠拌煤油點著撒在各個路口，由屯裡向屯外撒，寓意將各種鬼魔趕出屯子，一年中才能平安。滿族人規矩大，可是在正月十五這天晚上，男女可以互相打畫墨兒，但是對老年人，長輩只是點到為止，稍抹一點即可，年輕人就抹大黑臉了。不管大伯子、叔公均可以抹黑，滿族人俗稱作吉祥。據說被抹黑的人在一年裡消災免難，萬事如意。

滿族歷來把正月十五，十六看成是好日子，大多數人都喜歡出去走一走。俗稱「走百病」。認為出去走一走可以去掉身上的病殃。小孩子和姑娘們到屯外泡子裡的雪冰上滾冰，打雪仗，其目的是滾掉身上的晦氣以迎吉祥。這在《清稗類鈔》和《滿洲歲時紀略》中都有記載：「月十五，十六日，婦女步平沙，日走百病，或連袂打滾，曰脫晦氣，入夜尤甚。」

正月二十五是滿族人的添倉節。清早，阿瑪用灰在院中撒幾個大灰圈，再撒五穀雜糧，意為今年糧食滿囤。額娘煮一大碗高粱米飯，讓孩子們用秫稈紮一個小馬，插在飯碗上，寓意此馬能天天馱糧進倉。第二天和第三天要往碗裡添飯，俗稱「添倉」。

二月初二，是龍抬頭的日子。這天，全家吃豬頭、豬爪。吃完早飯，小孩將秫稈扒皮，切成一節一節的，再用剪子鉸些圓。把五彩布或紙片，用針線串一節秫稈瓤墊一個圓片，再做一個龍頭，龍尾串一個銅大錢。掛在房門上。阿瑪一大清早去井沿挑水，把灰撒在房屋周圍，延伸到井台，圍水缸轉一圈，這個儀式被稱為「引龍回」，意味風調雨順，希望今年能豐收。

額娘領著孩子們用紙剪成雞或貓的剪紙，用燈煙燻黑，貼在牆上，意為雞吃蟲，貓抓老鼠，今年沒有蟲害和鼠害。額娘還用秫稈棍敲打屋門、梁、鍋台

等處，邊敲邊說：「二月二敲門框，叫它五毒見閻王，二月二，敲鍋台，蟑螂臭蟲都不來。」晚上額娘手舉著油燈，讓孩子用木棍捅牆腳，邊捅邊說：「二月二，照旮旯，十窩耗子九窩瞎，還有一窩睜眼瞎，一下跑到老貓家，迷迷糊糊轉了向，老貓逮住給撕吃啦！」

二月二這天，婦女們不動針線，怕傷了龍眼，龍不下雨。由於正月裡都不剃頭，二月二這天，男人們都爭搶著剃頭。說是剃龍頭，沾點喜氣，借點吉祥。過完二月二，吃完豬頭，年也就徹底過完了，大人們開始準備今年的春耕所需種子等事項了。

吉林省非物質文化遺產——九台滿族祭祖

　　九台胡家鄉小韓屯石克特里氏、其塔木瓜爾佳羅關氏、莽卡鄉尼瑪查氏楊姓和莽卡鄉塔庫伊爾根覺羅趙姓四大滿族世家因至今仍保留著原始的滿族祭祀習俗，並有完整的家族譜系、神器和神本等而被國內、外的薩滿文化研究專家稱為「薩滿文化的活化石」。這四大家族的祭祀活動都被列為「吉林省非物質文化遺產」。二〇〇六年三月，由中國民間藝術家協會認定，給予九台「中國薩滿文化之鄉」和「薩滿活化石之鄉」的美譽。在國際薩滿文化研究領域有這樣的提法：「世界薩滿看中國，中國薩滿看九台」。目前，在國際上知名的薩滿文化傳承人大約有二十人左右，中國占二分之一，而這二分之一幾乎都在九台。

　　中華民族歷來有敬重祖先的優良傳統。對於祖先的祭祀在滿族人心中更擁有無比神聖的地位。楊氏家族擁有面積達四十五平方米的特大譜單，上譜人名達六千餘人，是中國最具代表性的滿族譜單之一。下面，就以尼瑪查氏楊姓家族為例，介紹滿族的祭祖習俗。

　　莽卡鄉莽卡村的尼馬查氏——楊姓家族，屬滿洲正白旗，祖先是東海窩集部野人女真，後居庫頁島，沿日本海南遷至海參崴，又遷到綏芬河，琿春一帶。清康熙十五年（1676 年）丙辰年，始祖吐疋、代出、阿及利兄弟三人奉皇帝旨意，從琿春應徵到寧古塔副都統衙門，與兩千八旗兵隨安珠湖將軍至吉林船廠駐防，兄弟三人分別派往松花江上、中、下游充差。孟吐疋吉林南充差，仲代出烏拉充差，季阿及利黑龍江莫爾根充差。兄弟三人分別時，不分家產，分神器，孟吐疋分得神帽，仲代出分得腰鈴，季阿及利分得馬叉。兄弟三人的後代立家譜並仿製所缺神器，都有較完整的分支譜系和薩滿祭祀程序。然而，由於多種因素，唯代出一支，歷經磨難，族人冒著風險加以保護，家族的家譜、薩滿祭禮得以很好保存。

始祖代出在松花江中上游古城烏拉街東北二十華里處江邊，九台查里巴屯定居，滿語稱為「沙爾尼巴」，此支枝大葉繁，散居在博爾哈通、莽卡、東哈什瑪、達屯、南蘭及全國各地。九台查里巴屯有祠堂一座，原址在村東壩外小學校附近，「文革」期間被查里巴村委會拆除。

楊姓祠堂內供有白綾滿文家譜，神器以及楊氏家族歷史資料，均裝一個長約兩米，寬零點八米，高約零點六米的大木箱內，木箱四壁襯有黃綢布墊，大神案寬零點九米，高約兩米，上方繪有日月星辰圖案，中上部有五大神畫像。大神案上還繪有山、河、樹、鳥以及會飛的虎、豹等動物和圖案。祭器有神帽、腰鈴、馬叉、神鼓、嘀達槍、托里、神錘、神裙、刀等，一併裝入一個大木箱內保存。

楊氏祖堂有近百年歷史。本族大栽力楊風久、楊世勤及薩滿楊世昌、楊喜譜等人，冒著風險保留了家族戶檔一部，薩滿神本，包括《芳裕堂記》《康德

▲ 滿族的神案及祭器

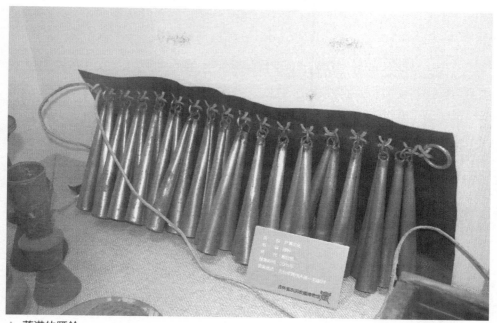

▲ 薩滿的腰鈴

七年栽力本》《楊憲本》《排神本》，其中《康德七年栽力本》是滿漢合璧本，還有全滿文本八部。

　　楊氏家族祭祖習俗，有鮮明的東海女真人薩滿文化特色。體現在祭祀儀式中的拜東習俗和豐富多彩的野神（動植物神）祭祀、滿神諭中獨特的原始創世神和別具一格的薩滿音樂、薩滿歌舞。

　　楊氏家族祭祖習俗薈萃了多種文學藝術形式，祭禮頌詞（神歌）是典型的民間口頭文學作品，是原始神話、詩歌、傳說等原始文學傳承的源泉；祭祀中的薩滿歌舞是祭祖習俗重要的表現形式，是許多原始音樂、舞蹈的傳承和再現。楊氏祭祖習俗，體現了楊氏家族先人的原始崇拜觀念和審美情趣，具有重要的研究價值。

　　楊氏家族祭祖習俗從康熙年間開始，每逢龍、虎年舉辦，一直傳承至今。一九八六年，由省民委和省古籍整理辦公室共同出資，對楊氏家族祭祀情況進

行全程錄像，為薩滿文化研究留下了一筆十分珍貴的影像資料。

正月初十開始，殺第一頭豬，供給參加燒香辦譜、上譜人員用。

正月十二開始放神，夜裡做「打糕」。把煮熟的大黃米飯放在木頭槽裡，四人用打糕石輪流打，打好之後，放上煮好的芸豆，就形成了打糕。夜裡大薩滿、小薩滿、栽力、全族參加人員就吃打糕。

正月十三夜裡十一點以後，殺第二口豬，就是背燈豬，是為了祭祀歪臉媽媽（王媽媽）。殺豬前，大薩滿唱神詞，在堂屋（東屋）門後立殺威棍（看門之意），擺上香案、熄燈，大薩滿腳踩豬唱著神詞，鍋頭開始殺豬，後半夜排神，肉好之後熄燈換鎖，吃背燈肉。

正月十六凌晨一點殺第三口豬，叫作祭祀豬，也叫「喜豬」。穆昆達帶領大薩滿、栽力在豬圈前，小叉瑪在大栽力的指導下來回走動三次，唱薩滿神詞。叉瑪用瑪叉在豬圈裡攪動後，族人抓豬，奇怪的是豬不抓，而是跟叉瑪和

▲ 滿族的祭祀活動

穆昆達來到供案前，叉瑪在西屋西條炕已經反勁把麻繩搓好，把豬左前蹄和右蹄一搭，以連環活扣繫上。

豬抬到供桌上，豬頭朝南，四蹄向東，穆昆達給豬耳灌溫酒，叉瑪唱神詞，待豬耳擺動了，族人齊聲呼「應了」以表示答應祭天。

穆昆達帶領族人向東而跪磕頭叩拜，以示感恩。豬耳擺動了，叫作領牲，全族興高采烈，鍋頭單腿跪地，面向東方，右手持刀，刀刃向裡，迎刀殺之，抽刀瞬間以碗接血，塗抹在索羅桿之上留做備用。

鍋頭們用開水褪去豬毛，去毛要在豬鬃一處留寬三釐米，長十五釐米的帶毛帶鬃帶皮的豬肉一條。把豬解成八大部分，豬頭、尾、四肢腱子等放鍋內煮八分熟撈出，鍋頭擺件子。把八分熟的肉，放在木製的槽盆裡，豬頭朝東，尾向西。其餘六塊肉，擺成豬原來的模樣，並在豬心處插刀一把。在供桌香案前，叉瑪立索羅桿，叉瑪唱神詞，也叫作念桿子，索羅桿柳木製成，在索羅桿尖部塗豬血，套上豬的鎖脖骨，縛一束穀草，用繩繫成油瓶扣，分開草把，撒上五穀糧，把豬生殖器帶皮帶鬃毛的一條肉，豬拱嘴一條肉，豬尾巴並用繩綁緊，立索羅桿於庭院東南處，以後讓喜鵲、烏鴉啄食。

正月十六早七點鐘，穆昆達、叉瑪、栽力及族人代表到始祖墓地擺上香案、供品，焚燒黃紙，向祖墳磕頭之後，在始祖墳前面向東方燒些黃紙錢，磕頭三個，以表示祭祀先祖，後人不忘東方故土之情。

祭祀歸來，把已經整理好的家譜懸在家祠的屋裡，面東背西，譜單白綾子製成，還有「大神」案子白綾子彩畫，供全族人敬觀，黑紅兩樣字相當明顯，如果有誤當場改正，族人們找自己的根系，古話說「看家譜呢，還細端詳呢」。可真的，不細查真找不到，因族人多，譜又小，表示支系斜拉線間隔繁密，很難查找，必須用手指順線查找（過去用一支香指著查找）。

祭祖，近十點，家譜前的供桌上香菸繚繞，兩支紅蠟光芒四射，供品、供果擺在供桌上，穆昆達宣布祭祖開始，請先輩長者大栽力代表全族人向祖譜敬香。此時鞭炮齊鳴，掌聲雷動，大栽力在鞭炮聲中點燃三封成束香，插在裝有

五穀糧寫滿斗焚香的紅升斗裡。大栽力以滿族的禮節，大栽力的架子，摟起大布蘭衫（旗袍）雙腿跪地，雙手合一拜了三拜，雙手扶地，磕三個響頭，以示祭天，祭地，祭祖宗。

主持人宣布全體起立，向近十二年來在神前效力、為家族續譜做出貢獻的已逝人員——特別是「石大叉瑪，連大叉瑪」——三鞠躬，以示悼念和感懷。

老族長穆昆達講話。闡明這次續譜燒香的意義和目的。十二年來新生兒用紅字上譜，在這十二年死去者用黑字蓋上。講了祖規堅決不許同族人通婚。

按輩向祖譜磕頭。

照相、全族人合影留念。

中午十二點，擺酒設宴，族人吃喜，宴前族人吃「小肉飯」。席宴按滿族飲食習俗進行，首先四小碟、吉菜、血腸、粉條、白肉。白肉就是白片肉。鍋頭在桌前片肉。族人按輩分入席，長者在炕桌，坐在炕頭上，晚輩地桌入席，歲數大的坐在東邊，從宴席落座次序就可分看出長幼輩分有別。

席間天南地北，海闊天空侃侃而談，有時小輩還給穆昆達、栽力、長輩敬酒，鍋頭還說：「誰吃哪塊肉，我好給片。」大碗酒、大碗肉，可勁造。

族長在各桌前還說：「大家都吃好喝好。」氣氛和諧，其樂融融，

淨院：把吃剩下的全部骨頭，索羅桿上繫的那些東西，帶鬃毛的那條肉，豬拱嘴、豬尾巴、豬的生殖器全部裝在木頭方盤裡，由族長帶領鍋頭們拿三封香，帶上三瓶好酒，一盒好菸，把這些東西送到屯外，這就叫送骨頭。族長與族人面對東方舉起三炷香口念：「東方始祖保佑您的子子孫孫，家家戶戶都過上好日子，家家戶戶平平安安，幸福吉祥。」磕三個頭，往東方上空撒酒，點上菸，作揖結束。

收家譜：把香案拿回原處，把家譜、戶檔、大神案子放回祖宗匣子裡，用紅布蓋上，供在原先的地方，族長帶領族人磕三個頭、至此，楊氏家族續譜燒香祭祖活動結束。

九台民謠

勸孝歌（徐霈霖所作，通過傳唱，勸誡族中子弟。）
欲把親恩數一回，天高地厚終難猜，
吾能數盡青絲髮，唯有親恩數不來。

勸學歌
蠶善吐絲蜂釀蜜，勤於工作乃天職。
絲可為衣蜜可食，人若無能不如物。
張家小兒上學堂，李家小兒遊街坊。
二兒同年一樣長，學則日進不學荒。
張兒李兒誰為強？後來成就唯有張。
歌冀之右細思量，者想戚器學張郎。

新舊社會兩重天
鬥爭地主打漢奸，騾子大馬往外牽——
哪叫他從前剝削咱。
自從來了共產黨，
紅旗一展變河山，
打倒土豪分田地，
窮人從此把身翻。
新舊社會兩重天，
天堂地獄不一般。
幸福生活看現在，
血淚冤仇想從前。

小兒弟

小兒弟，腦袋圓，生下個閨女足不纏。

做了媳婦頭一天，公婆一見把臉翻。

婆婆說，腳太大，公公說，休了罷，

女婿說，那不怕，多搽脂粉多戴花，八幅羅裙就地拉。

多看上，少看下，要那小腳做什麼！

王老三

松花江，彎又彎，屯東住個王老三。

王老三，瘋癲癲，生性耿直屬天然。

不取巧，不占尖，終日無事罵贓官。

吸大菸

吸大菸，真腐敗，男女銜個大煙袋。

男子無錢賣妻女，女子無錢把人格壞。

吸大菸，真是壞，使夫妻感情兩離開。

走到哪兒，惹得人人都不愛。

小小子兒

小小子兒，坐門墩兒，哼哼呀呀要媳婦兒。

要媳婦兒幹啥？做袍做褂兒，做鞋做襪，

點燈說話兒，吹燈不害怕。

你睡吧

秫秸葉，嘩啦啦，小孩醒了找媽媽。

媽媽說，你睡吧，狼要來了媽打它。

滿語地名

九台是滿族的發祥地之一，從滿族的先祖古肅慎人，到靺鞨人，女真人，再到如今，滿族在這片土地上已經繁衍生息了數千年，並且創造了輝煌的文明。松花江沿岸，至今仍保留著許多原始的滿族聚居村落。滿族文化在九台大地上留下了深刻的印記，九台境內以女真語、滿語命名並且仍在使用的地名達五十二處，現舉例說明：

飲馬（河）

既是河名，又是村名。飲馬出自女真語「伊爾門」，詞音轉譯成「飲馬河」。伊爾門，女真語本意是「閻王」，因其河道狹小，雨季河水經常氾濫成災，故名。

飲馬河村位於九台市西南十八華里處，因河得名，西靠南北走向的漫嶺，東瀕飲馬河。

沐石河

既為鎮名，又是河名。沐石河鎮位於九台市東四十六華里處，因河得名。沐石河發源於八台嶺，流經沐石河鎮、城子街鎮、六台鄉，流域多為嶺地和谷地。沐石，「穆蘇」一詞音轉異書而來；穆蘇，出自女真語「木述」，漢譯為「鵪鶉」，引申為「鵪鶉棲息」之地。

波泥河

既是鎮名，又是河名。波泥河鎮位於九台市南五十七點五華里處，因河得名。該河發源於二道溝鄉南部山區，流經加工河鄉西北，進入波泥河鄉境內。波泥，出自「玻璃」一詞諧音轉寫。玻璃，出自女真語「伯力」。漢譯為「弓」，引申是「河為弓狀」。

加工河

既是村名，又是河名。加工河村位於九台市東南四十六華里處的山區，因

河而名。加工河全長五十華里。加工，出自女真語「加忽」，漢譯為「鴛」。

霧開河

在九台市境內流經東湖、卡倫、龍嘉、紀家四個鄉鎮，從入境至出境直線長約八十七華里。霧開，出自規範滿語「嘎爾干」，漢譯為「叉子」，引申為「河叉子」，與干霧海同音。

干霧海河

發源於長春市郊區石碑嶺北部，流經西山頭北約三華里的鐵路橋進入九台境內，流經卡倫鎮太平莊屯、前拉拉屯、龍泉村和南崗子村等。來源同霧開河。

東哈、腰哈、西哈

村、屯名。哈，全稱名「哈什螞」，東、腰、西是漢語方位詞。哈什螞即滿語林蛙。

馬虎頭山

位於土們嶺鎮東六華里，是八台嶺山脈上的一個高峰，是土們嶺境內的最高點，海拔五百三十八米，山頭呈圓形。馬虎，出自女真語「麻希拉」，漢譯為帽子，引申為「山頭狀如帽子」。

土們嶺

鎮名，位於土們嶺鎮政府駐地。境內山峰林立，山梁縱橫，小南河流向西和西北方向。山上人工松林茂密，草木叢生，大部分屬黑色土，少部分是黃色土。土們嶺山口在土們嶺東南四點五華里馬虎頭山向西南伸延的山梁上，呈鞍狀，這裡是通向永吉的大道口，形似駝峰，因而得名。土們嶺，規範滿語是「圖們」，漢譯為「萬」，嶺是後附加的漢語，兩者合一為「萬嶺」，引申為「多嶺」之意。

砂石嶺

位於上河灣鎮西北十一華里鍋頂山向北伸延的山梁尾部嶺崗。砂石，出自女真語「撒此哈」，又出自滿語「沙敘沙」，漢譯為鵲雀，引申為「多喜鵲」

之地。

夾弧嶺

位於盧家村南偏東七點五華里由東南向東北開放的小山溝裡。夾弧，出自滿語「雞牙渾」，漢譯為鷹，引申為「多鷹」之地。

舍嶺

位於九台市東南一百三十六華里山地向沖積平原過渡地帶，地勢由北向東逐漸低平，是莽卡滿族鄉政府駐地。舍嶺，出自滿語「猞猁」，又出自女真語「舍亦」，漢譯為泉子。

古洞溝

位於西營城子鎮南偏西五華里，東西走向向北伸延的兩條山梁所形成的峽谷中間，有小溪從屯中向北流去。古洞，出自滿語「呼敦」，漢譯為急、快，引申為「急水之溝」。

打尖溝

位於西營城子鎮北偏東八華里，依山傍水，地勢由東向西逐漸低平。打尖，出自滿語「打奇」，漢譯為「脊梁」，引申為「地勢如脊梁狀」。

捋車溝

位於東湖鎮東北二點五華里由南向北逐漸低緩的嶺崗向東南分延的兩條小嶺岔所形成的小山溝上端，有條小河從屯南向東北流去。捋車，滿語是桔梗的意思，引申為「山上盛長桔梗」。

羅群溝

位於二道溝村西南八華里的尖山子、西岩頂子二山向西北伸延的山梁所形成的山間谷地裡。羅群，滿語為「吊鍋」，出獵時帶的一種炊具，引申為「狀如吊鍋」。

分岩溝

位於葦子溝鎮東北十四華里西南、東北走向的大嶺與其向東伸延的嶺所形成的向東北開放的河谷地西端的崗坡地上。分岩，出自女真語「素羊」，漢譯

為「黃」，引申為「黃土坡」。

紅朵溝

位於上河灣鎮南偏西九點五華里鍋頂山向東北伸延的山梁與刀刃山、四棱山向北伸延的山梁所形成的三條溝的西邊兩條。紅朵，規範滿語為「紅闊」，漢譯為「山腳」或「山麓」。

傻雞溝

位於盧家村北十四華里的尖山子西南——東北走向的山溝裡，有一小河從屯中流過。傻雞，出自滿語「沙濟」，漢譯為「砍」，引申為「砍平」之意。

卡倫

位於九台市西南五十三華里。街鎮在兩條南北向的山嶺中間，霧開河從南向北流經鎮東。卡倫，規範滿語為「卡多洛」，漢譯為「道卡」，引申為「道中之卡」。

莽卡

鄉名，地雖處松花江沖積平原，但其周圍二至三華里地帶散布著高差十米左右漫沙崗子。莽卡，出自規範滿語「蒙干」，漢譯為「丘」，引申為「丘崗」。

其塔木

位於九台市城東一百一十華里山前坡地向沖積平原過渡地帶，東是開闊的河谷地，南是松花江沖積平原，其塔木河從西南向東北繞街而過。其塔木，出自女真語「奇塔穆」，「奇塔」漢譯為光，「穆」漢譯為「木」，合譯為「光木」，引申為「光桿樹」，即有幹無葉已經枯萎了的「站桿子樹」。

塔庫

位於莽卡滿族鄉東南十華里的松花江沖積平原，北距松花江兩華里，東臨南北流向的江叉，屯西三華里是山區。地勢平坦，黑油沃土。塔庫，出自規範滿語「他庫」，漢譯為「胖頭魚」。

前央

位於盧家村北五點五華里處，其西部是縱橫交錯的小嶺地，東部是較開闊

的河谷地，黑油沃土。前是漢語方位詞，央，出自滿語「押不勒」，漢譯為「走」，引申為「繞道走」「盤道」。

天其位

山地名，位於上河灣鎮東南十一華里一條西南——東北走向山梁的西北側小山溝的頂端。天其位，漢譯為「落豆秧子」。

克爾蘇

位於卡倫鎮西南九華里，屯西為一條南北向的漫崗，東部較平。克爾蘇，出自滿語「赫勒蘇」，漢譯為「鹼蒿」，引申為「盛長鹼蒿之地」。

大貝

嶺名和村名，今城子街鎮大貝村所在地。大貝嶺位於桃山、尖山子向西伸延的兩條山梁中間，有一條小河從屯中向西流去。出自滿語「達巴干」漢譯為嶺。

拉拉屯

位於卡倫鎮西北十五華里，為幸福村駐地。西面是西南——東北走向的低漫嶺地，干霧海河及其支流沿東側流過。拉拉出自滿語，漢譯為「黏」，引申為「土黏」之意。

哈達砬子

位於胡家回族鄉西南二十四點五華里，是八台嶺山系中的一個重要山峰，海拔五百五十八米。向東、西北伸延三條主山梁，形成丁字形。山頂高峻陡峭，主峰巨石形似雞冠，俗稱雞冠山。滿語稱山峰為哈達，哈達砬子是滿、漢語並用的結果。

博爾哈通

位於莽卡滿族鄉東北十點五華里松花江西岸的沖積平原上，屯址微呈漫崗。博爾哈，出自規範滿語「布勒嘎」，漢譯為柳條子，通，滿語漢譯為「島」。二者合譯為「柳條島」，引申為「柳條子屯」。

吳家海

　　土們嶺鎮西三條川，係川谷名和村名。吳家海，出自女真語「兀甲」，漢譯為「豬」，又出自滿語「烏勒間」，漢譯為「豬」，引申為「富裕」之意。

窩集

　　屯名，今城子街鎮境內。窩集，出自滿語「勿吉」，漢譯為「叢林」或「森林」，引申為「林中之屯」。

吉林文庫 A0703A12

文化吉林：九台卷

主　　編	莊　嚴
版權策畫	李　鋒
責任編輯	林以邠

發 行 人	陳滿銘
總 經 理	梁錦興
總 編 輯	陳滿銘
副總編輯	張晏瑞
編 輯 所	萬卷樓圖書股份有限公司
排　　版	菩薩蠻數位文化有限公司
印　　刷	維中科技有限公司
封面設計	菩薩蠻數位文化有限公司

出　　版　昌明文化有限公司

桃園市龜山區中原街 32 號

電話 (02)23216565

發　　行　萬卷樓圖書股份有限公司

臺北市羅斯福路二段 41 號 6 樓之 3

電話 (02)23216565

傳真 (02)23218698

電郵 SERVICE@WANJUAN.COM.TW

大陸經銷　廈門外圖臺灣書店有限公司

　　　　　電郵 JKB188@188.COM

ISBN 978-986-496-259-4

2018 年 1 月初版

定價：新臺幣 380 元

如何購買本書：

1. 轉帳購書，請透過以下帳戶

　　合作金庫銀行　古亭分行

　　戶名：萬卷樓圖書股份有限公司

　　帳號：0877717092596

2. 網路購書，請透過萬卷樓網站

　　網址 WWW.WANJUAN.COM.TW

大量購書，請直接聯繫我們，將有專人為您

服務。客服：(02)23216565 分機 610

如有缺頁、破損或裝訂錯誤，請寄回更換

國家圖書館出版品預行編目資料

文化吉林. 九台卷 / 莊嚴主編. -- 初版. -- 桃
園市：昌明文化出版；臺北市：萬卷樓發
行, 2018.01

　　冊；　公分

ISBN 978-986-496-259-4(上冊：平裝). --

1.文化史 2.人文地理 3.吉林省

674.2408　　　　　　　　　　107002121